蒙以養正聖功也

颜真卿

出自《周易·蒙卦》（集自颜真卿碑帖）

中华优秀传统文化与德育教育创新系列丛书

中华十德

国学经典情境体验教育系列读本 卷八

主编 李若缘 岳红云

中国人民大学出版社
·北京·

图书在版编目（CIP）数据

中华十德国学经典情境体验教育系列读本．卷八／李若缘，岳红云主编．
—北京：中国人民大学出版社，2016.3

ISBN 978-7-300-21979-0

Ⅰ．①中… Ⅱ．①李… ②岳… Ⅲ．①中华文化－小学－教学参考资料
Ⅳ．① G624.203

中国版本图书馆 CIP 数据核字（2015）第 236800 号

中华优秀传统文化与德育教育创新系列丛书

中华十德国学经典情境体验教育系列读本 卷八

主编 李若缘 岳红云

Zhonghua Shide Guoxue Jingdian Qingjing Tiyan Jiaoyu Xilie Duben Juan Ba

出版发行	中国人民大学出版社	
社　址	北京中关村大街31号	**邮政编码**　100080
电　话	010-62511242（总编室）	010-62511770（质管部）
	010-82501766（邮购部）	010-62514148（门市部）
	010-62515195（发行公司）	010-62515275（盗版举报）
网　址	http://www.crup.com.cn	
经　销	新华书店	
印　刷	涿州市星河印刷有限公司	
规　格	185mm×230mm 16开本	**版　次**　2016年3月第1版
印　张	13	**印　次**　2017年3月第2次印刷
字　数	88 000	**定　价**　35.00元

中华十德国学经典情境体验教育系列读本 卷八

编委会

弘扬中华文化 传承民族美德

中华十德
出版说明

党的十八大以"两个一百年"作为奋斗目标铸就"中国梦"。习近平主席提出，要从中华优秀传统文化中汲取丰富的营养，形成极具生命力和影响力的社会主义核心价值观。

为帮助中、小学了解和掌握国家关于开展中华优秀传统文化经典教育的政策和新趋势，交流新经验，解决国学学什么？怎么学？国学教什么？怎么教？等问题，"中华十德国学经典情境体验"教育项目教研中心特别成立了《中华十德国学经典情境体验教育系列读本》编写委员会，在两岸学术名家和权威名师的指导下，历时数年，研发了全系列教学讲义。以全人教育（健全品格教育）与全息教育（内容涵盖经、史、子、集）为特色，旨在促进文化传承、品格塑造。经典解析力求学术纯正、内容系统。

作为由中国人民大学国学院提供学术支持的教育项目，该项目的核心课程"中华十德国学经典情境体验教育"已成为多所国学经典教育试验学校和示范学校的国学经典、品德教育校本课教材。本课程在教学实践过程中，获得各学校师生及家长的一致好评。本套读本中《论语》等部分经典解析出自台湾大学哲学系傅佩荣教授的《傅佩荣经典译解系列图书》，在此特向傅佩荣教授热心提供学术支持深致谢意！近年来，教研中心与各合作学校共同发起成立了中华十德国学经典教育学校联盟，我们携手两岸三地国学名家，为建立学术合作的中、小学提供了国学经典教育优秀教师系统培训计划。

为了全面提升国学经典教育优秀教师的课堂教学，熟悉经典教育的教学步骤和方法，应各校要求，编委会编著了本套系列读本。在国学名家、当代家庭教育专家、儿童和青少年心理学专家学术指导下，我们精心设计研发了兼具趣味性、参与性、体验性和实用性的本套读本。力求通过系统的体验学习，使儿童和青少年发自内心地体会到中华优秀传统文化对品格塑造和人文素养提升的重要性，掌握为人处世、沟通交流、观察思考、应变应对、独立自理等技能常识，并运用到日常生活中，同时拥有自信谦恭、坚定坚持、学习励志、尊老敬贤、仁爱爱人的传统美德，成为具备良好德行的社会英才。

中华民族必将在传统文化精华的基础上创造出我们时代的璀璨新文化。昌明学术，接续文脉。我们致力于为中华优秀传统文化的未来发展做出自己应有的贡献。

《中华十德国学经典情境体验教育系列读本》编写委员会

2016年3月

目 录

中华十德

弘扬中华文化　传承民族美德

仁	博爱宽恕之道	义	明宜守正之道
礼	律己敬人之道	智	知己识人之道
信	诚己信人之道	忠	立人达人之道
孝	怀德感恩之道	廉	品行方正之道
耻	自尊荣誉之道	勇	自强果敢之道

昌明学术　接续文脉

第一单元

孝亲敬长即为

仁

崔沔 [miǎn] 孝友

唐朝有个人叫崔沔，从小就十分孝敬父母，友爱兄弟。

崔沔的母亲很早就失明了，生活很难自理。为了照顾好母亲，崔沔每天睡觉都不脱衣服，以便母亲需要自己时可以立即来到母亲身边。为了让母亲心情舒畅，每逢节日或天气晴朗的日子，他都会搀[chān]扶着母亲拜访亲友或去郊外游赏。后来，母亲过世了，崔沔十分悲痛，他时时不忘母亲生前对自己的教导，恭恭敬敬地做人、做事。

不仅如此，崔沔还十分关照自己的兄弟姐妹，竭尽所能地帮助他们。有人问崔沔为什么要这样做。崔沔说："母亲在世时，十分挂念我的哥哥、姐姐、外甥[sheng]和侄子。所以我要尽可能地去关爱他们，这样才能告慰[wèi]母亲的在天之灵啊。"

后来崔沔升官做了中书侍[shì]郎。他的儿子崔佑甫[fǔ]从小接受他的教导，长大后成为一代贤明的宰相。

品 格 修 养

孝亲敬长即为仁

【释析】"孝亲敬长"就是孝敬父母、尊重长辈。"孝亲敬长"是一个人做人的根基。

人 物 链 接　三国·孔融[róng]

人物简介

孔融（153—208）字文举，东汉曲阜[fù]人，孔子二十世孙。有俊才，为"建安七子"之一，汉献帝时为北海相，世称孔北海；立学校，张儒术，后拜太中大夫，为曹操所杀。

我小儿，法当取小者。

——《孔融家传》

孔融让梨

孔融是东汉时期的文学家。他从小就聪明好学，十分懂事。

孔融四岁那年，有一天，母亲端来一盘梨给孩子们吃。几位哥哥都让孔融先拿，孔融看了看，拿了一个最小的。

父亲看见了，问孔融："盘子里那么多梨，你为什么不拿大的？只拿一个最小的呢？"

孔融回答说："我年纪小，应该吃小的，大的留给哥哥们吃。"

听了孔融的回答，父亲满意地点了点头，夸赞孔融是个懂礼貌的好孩子。

中华十德

卷八

中华十德国学经典情境体验教育系列读本

金文

小篆

隶书

楷书

親（亲），至也。从见，亲声。

——《说文解字》

【本　义】感情深厚，关系密切。

【引申义】父母。泛指有血统关系或婚姻[yīn]关系的人。亲近。

敬老慈幼

敬老慈幼，无忘宾旅[lǚ]。

—— 《孟子·告子章句下》

【释义】敬：敬爱；慈：爱护；宾旅：来宾与旅客。

恭敬老人，慈爱幼小，不要怠[dài]慢贵宾和旅客。

【找一找】

下面的成语，哪些是"敬老慈幼"的近义词？哪些是"敬老慈幼"的反义词？

安老怀少	目无尊长	扶老携[xié]幼
敬老尊贤	没大没小	恃[shì]强凌弱

dì zǐ guī
弟 子 规

dōng zé wēn　　xià zé qìng
冬 则 温，夏 则 清。

chén zé xǐng　　hūn zé dìng
晨 则 省，昏 则 定。

xiōng dào yǒu　　dì dào gōng
兄 道 友，弟 道 恭。

xiōng dì mù　　xiào zài zhōng
兄 弟 睦，孝 在 中。

zhǎng hū rén　　jí dài jiào
长 呼 人，即 代 叫。

rén bú zài　　jǐ jí dào
人 不 在，己 即 到。

中华十德

卷八

仁—孝亲敬长即为仁

情 境 剧 场

孝感动天

上古时期的五帝之一舜[shùn]，从小就非常孝顺父母。舜的生母很早就过世了。舜的父亲就娶了一位后妻，生了一个儿子，名叫象。

当时的部落首领尧[yáo]年纪大了，想找一个继承人，很多人都向他推荐了舜。尧决定先考察一下，就将自己的两个女儿嫁给了舜，还分给舜很多牛羊。后母和象又是羡[xiàn]慕[mù]，又是嫉[jí]恨，多次想要加害舜。

有一次，舜的父亲来到舜的家，说："我年纪大啦！也用不动你了！家里的粮仓坏了，没人修补啊！还得我这把老骨头去补！"舜一听，赶紧赔罪，说："父亲，我这就去给您修粮仓！"舜急匆匆赶到父亲家，登上房顶，没想到他们突然抽去梯子，并放火焚[fén]烧粮仓。舜赶紧挥舞着两个斗笠[lì]，毫发无损地从仓顶飘落下来。

一计不成，又生一计。这一天，舜的父亲又来到舜的家，哭着说："上次的事，我们都知道错了！这次，咱们家的井堵了，你弟弟还小，只能我去疏通了啊。"舜赶忙说："父亲，您身体不好，还是我来！"等舜下到井中，他们就向井中倾倒土石。本以为这次舜一定会被活埋，没想到舜又一次死里逃生。父亲、后母和象十分惶[huáng]恐，再也不敢加害舜。而舜，对父亲和后母孝敬如初，对弟弟友好依旧。

尧听说了舜的事迹，知道他是一个德才兼备的人，就把治理天下的大位禅[shàn]让给了舜。舜继位后，爱护百姓，为民谋利，后世尊他为"圣王"。

典故解析

毛义捧檄[xí]，为[wèi]亲之存；伯俞[yú]泣杖，因母之老。

——《幼学琼林·祖孙父子》

【译文】毛义接受诏书做官，是为了养活自己的母亲；韩伯俞受了杖责哭泣，是因为哀伤自己的母亲年老体衰。

【典故背景】

"毛义捧檄"句：《后汉书·刘平传序》记载，汉代人毛义是个大孝子，他接受朝廷的檄书（古代用来征召的文书）做官是为了养活母亲。母亲去世后，他就弃官回家了。

"伯俞泣杖"句：《说苑·建本》记载，汉代人韩伯俞非常孝顺。他有过错时，母亲就用手杖责打他。有一次母亲打他时，他哭了起来。母亲问他原因，他说：以前挨打时感觉很痛，说明母亲身体健康；现在感觉不到痛，说明母亲年老体衰，所以非常难过。

格律赏析

仁对义，让对恭。禹舜对羲[xī]农。

雪花对云叶，芍[sháo]药对芙[fú]蓉。

陈后主，汉中宗。绣虎对雕龙。

柳塘[táng]风淡淡，花圃[pǔ]月浓浓。

—— 《声律启蒙·二冬》

【找一找】

1. 找出上面文句中描写美德的词吧！

2. 上面文句中，哪几句是描写人物的呢？请把它们找出来吧！

【名联赏析】

1. 风暖鸟声碎；日高花影重。

2. 柳絮随风，数点散开千点白；桃花映水，一枝分作两枝红。

对联的来历

对联是一种独特的文学形式，它产生于五代十国时期，发展到今天已经有一千多年的历史了。

秦汉以前，每逢过年，老百姓都会在自家的大门左右各悬[xuán]挂一块用桃木做的大板，分别写上传说中的降[xiáng]鬼大神"神荼[tú]"和"郁垒[lěi]"的名字，用来驱鬼压邪。这种习俗延续到了五代，人们开始在桃木板上题写联语来替代降鬼大神的名字。公元964年除夕，后蜀皇帝孟昶[chǎng]在自己的卧室门上题写了一副联句："新年纳馀[yú]庆；嘉[jiā]节号长春。"据说这就是我国最早的对联。

中华十德

卷八

中华十德国学经典情境体验教育系列读本

山 中

唐 · 王勃 [bó]

长江悲已滞^①，万里念将归。

况属高风晚^②，山山黄叶飞。

【注释】 ①滞 [zhì]：停止。 ②属 [zhǔ]：正值。

【译文】

　　长江好像也在为我悲伤而停止流动，远在故乡万里之外的我很想回到家乡。更何况秋风瑟[sè]瑟，天色已晚，漫山飞舞的黄叶更增添了我的思归之情。

【诗在说什么】

　　这是一首抒发作者思乡愁绪的诗，是诗人客居巴蜀[shǔ]时所作。

　　前两句"长江"对"万里"，"将归"对"已滞"，抒[shū]发了作者远客异乡，不能回家的落寞[mò]。后两句进一步渲染了深秋的萧[xiāo]瑟，"黄叶"在"高风"中飘荡，正如诗人独自一人在异乡漂泊[bó]一样，读起来令人感到无比的悲凉。

【想一想】

1.什么样的景色能让你联想到自己的家乡?

2.想起故乡,诗人为什么会觉得悲伤?请说说你的理解吧!

【学以致用】

根据学过的内容,把下面的空白补充完整。

"_____,_____。"

不知不觉秋天又来了。

互 动 游 戏

珍惜亲情

【玩法】

1. 游戏前，每位同学准备一张纸，一支笔；全班同学集体参与。

2. 游戏开始，教师发出指令：请学生在纸上写出"学业""父母""朋友""老师"和"自己"。

3. 教师模拟情境，引导学生逐次做出选择：每次去掉一项，直到最后只能保留一项。

4. 游戏过程中，教师使用适当的语言提示，引导学生感受选择过程中自己取舍每一项时的心情。

【思考】

在游戏的取舍过程中，你感受到亲人、老师与朋友对你的重要性了吗？你以后打算怎么做？

【启示】

通过在游戏中的选择，我们会渐渐感知到：亲情对我们来说最为珍贵重要，不可获取，我们在生活中应该珍惜、爱护它。

清明节

清明节又叫踏青节，是中国的传统节日，也是最重要的祭[jì]祀[sì]节日之一。清明节在农历二月与三月之交，是冬至后的第一百零八天。它始于周代，最早只是一种节气的名称。后来晋[jìn]文公把寒食节的后一天定为清明节，就逐渐演变成具有纪念性质的节日。

清明节的习俗丰富而有趣，除了禁火、扫墓，还有踏青、荡秋千、蹴[cù]鞠[jū]、打马球、插柳等一系列体育活动。相传这是因为清明节要寒食禁火，为了防止寒冷的食物损伤身体，大家就通过体育活动来锻炼身体、祛除寒气。

扫墓祭祖和踏青郊游是清明节的两大基本主题。清明节，民间都有上坟扫墓祭祖的习俗：铲除杂草，放上供品，在坟前上香祷[dǎo]祝，燃纸钱金锭[dìng]，或简单地献上一束鲜花，以寄托对先人的怀念。踏青就是春游，古时又叫探春、寻春等。三月清明，春回大地，自然界到处生机勃勃，正是郊游的大好时光，于是全城男女，结队而出，到郊区、野外来寻找春的气息。

第二单元

循理处事即为

义

深明大义的母亲

战国时期，楚国有一位将军名叫子发。从小母亲就对他严格要求，经常教导他要多读书、知礼义。子发率兵打仗时，她最在意的就是儿子能否身先士卒，能否与士兵同甘共苦。

有一次，子发率兵攻打秦国。战争进行到一半，军粮吃完了。子发赶紧派人回国求援，同时让他顺路回家探望自己的母亲。子发的母亲问来人："士兵们还好吗？"使者说："很好，可以分到豆子充饥。"老夫人又问："将军呢？"使者说："将军也很好，每天有肉吃。"

后来，子发打败秦军回来，母亲却不让他进门。母亲说："以前越王勾[gōu]践[jiàn]和吴国打仗时，有人献上一坛美酒，勾践就让人倒在江里，和士兵们一起喝。你身为将军，士兵们吃豆充饥，你却好菜好肉。你不顾士兵，只顾自己，即使取胜，也不是正道。你违背了我平日里对你的教导，这不是我儿子应有的作为。你走吧！"子发听后，很诚恳地向母亲认了错，母亲这才让他走进家门。

教导儿子端正行为、坚守正道，子发的母亲真是深明大义啊！

品 格 修 养

循[xún]理处事即为义

【释析】"循理处事"就是为人处世能够符合内心的良知、事物的道理。"循理处事"是"义行"。

人 物 链 接　北宋·苏轼[shì]

苏轼（1037—1101），字子瞻[zhān]，号东坡居士，眉州眉山（今属四川）人。北宋著名文学家、书画家，"唐宋八大家"之一。

君子之顺，岂有他哉！循理无私而已。

——北宋·苏轼《东坡易传·坤卦第二》

东坡判案

北宋年间，苏东坡曾在杭州做地方官。

有一天，一位绸[chóu]缎[duàn]商把一位制扇商告上了公堂。原来，制扇商曾经向绸缎商赊[shē]欠了价值二万文钱的绢[juàn]布，已经过了约定期限却分文未还。

苏东坡迅速传问制扇商，制扇商供认不讳[huì]，说："大老爷，不是小人不愿意还钱啊！您也看到了，今年天公不作美，连连下雨，哪里还有人买扇子啊！"说到这里，他抹着眼泪说："连我父亲去世的丧[sāng]葬[zàng]费，我都是借的。真的不是我不想还啊！"

苏东坡听了，十分为难：两人都有难处，如果简单地作出判决，虽然能给绸缎商讨回公道，但必然会使制扇商雪上加霜。

苏东坡想了又想，想出了一个两全其美的办法：他让制扇商取了二十把上好的团扇，自己在扇面上作画题诗并署[shǔ]上名号。他叫制扇商把这二十把团扇拿到市场上去售卖，团扇很快就被抢购一空。

最后，制扇商不仅偿还了绸缎商的债[zhài]务，还偿还了父亲的丧葬费，皆大欢喜。

中华十德

卷八

中华十德国学经典情境体验教育系列读本

理

小篆

理

隶书

理

楷书

理

行书

理，治玉也。

从玉，里声。

——《说文解字》

【本　义】治玉。

【引申义】修整。从事。条理。道理。

循规蹈[dǎo]矩

苟无知人之明，则循规矩蹈绳墨，以求寡[guǎ]过。

——北宋·苏轼《拟进士对御试策》

【释义】循：遵循；规：圆规；蹈：履行；矩：角尺。规和矩分别为定圆、方的标准工具，借指礼义，法度。谨[jǐn]遵[zūn]礼法，不越分寸。

如果没有识别人才的才能，就要谨遵礼法，不越分寸，以确保少犯过错。

【找一找】

下面的成语，哪些是"循规蹈矩"的近义词？哪些是"循规蹈矩"的反义词？

通情达理　　强词夺理　　进退有度

无理取闹　　知书明理　　离经叛道

中华十德

卷八

中华十德国学经典情境体验教育系列读本

dì zǐ guī
弟 子 规

dì zǐ guī　　shèng rén xùn
弟 子 规，圣 人 训。

shǒu xiào tì　　cì jǐn xìn
首 孝 悌，次 谨 信。

fàn ài zhòng　　ér qīn rén
泛 爱 众，而 亲 仁。

yǒu yú lì　　zé xué wén
有 余 力，则 学 文。

fēi shèng shū　　bǐng wù shì
非 圣 书，屏 勿 视。

bì cōng míng　　huài xīn zhì
蔽 聪 明，坏 心 志。

揠 [yà] 苗助长

　　战国时期，宋国有一个农夫，他总担心自己田里的禾苗长不高，就天天跑到田间去察看禾苗的生长情况。可是，一天天过去了，禾苗好像一点儿也没长高。"这是怎么回事！为什么我的禾苗一点儿动静也没有！"他心急如焚地说。他想：照这个速度，我要什么时候才能吃到地里长出来的粮食啊！我不能就这么等着，一定要想个好办法，帮助禾苗生长起来。

　　终于有一天，他想出了一个好办法。他想：如果我把禾苗们都往上拔一截[jié]，那它们不是都会长高一大截吗？想到这里，他再也等不及了，赶忙跑到田里，将禾苗一棵棵拔高，从早忙到晚，累得筋疲力尽，终于全都拔了一遍。

　　农夫回到家，高兴地告诉儿子："今天可把我累坏了！不过力气没有白费，我帮禾苗长高了一大截！"儿子听了，急忙跑到田里看，发现禾苗全都枯死了。

春祈[qí]秋报，农夫之常规；夜寐[mèi]夙[sù]
兴，吾人之勤事。

——《幼学琼林·岁时》

【译文】 春耕前向神明祈祷祭祀，秋收后向神明报答祭祀，这是农民
历来的习俗；睡觉很晚，起床很早，是说我们应当勤勉做事。

【典故背景】

春祈秋报：指农事当中，春秋两季举行的祭祀。祈：春耕前
祭祀神明，以祈祷风调雨顺，农作物获得丰收。报：秋收后祭祀神
明，以报答神明赐予的丰年。

夜寐夙兴：又作"夙兴夜寐"，语出《诗经·卫风·氓[méng]》：
"夙兴夜寐，靡[mí]有朝矣。"指早起晚睡，形容勤劳、勤奋。

义—循理处事即为义

格律赏析

　　春日正宜朝[zhāo]看蝶，秋风那[nǎ]更夜闻蛩[qióng]。

　　战士邀功，必借干戈[gē]成勇武；

　　逸[yì]民适志，须凭诗酒养疏[shū]慵[yōng]。

　　　　　　　　　　　　——《声律启蒙·二冬》

【找一找】

　　1.上面文句中，提到了哪些季节以及和这些季节相关的事物？

　　2.上面文句中，有哪些动词？

【名联赏析】

　　1.五色祥云扶日出；一轮华月带星移。

　　2.黄鹤楼前，玉笛一声吹夜月；青羊宫里，碧桃几度笑春风。

有趣的对联

　　自从后蜀孟昶在卧室门上题下第一副对联起，对联就逐渐成为最受人们喜爱的语言表现形式。发展到今天，对联更是内容浩瀚[hàn]、形式多样。

　　按字数分，对联可分为短联（十字以内）、中联（百字以内）和长联（百字以上）。其中，短联最为常用。短联一般分为一字对、三字对、五字对等。如"墨"对"泉"，这就是一副有趣的一字对。"墨"字上半部分的"黑"字和"泉"字上半部分的"白"字，都是属于颜色的范畴[chóu]，且词义相反；两个字下半部分的"土"和"水"，又都属于五行的范畴，对得非常巧妙。

　　按用途分，对联有春联、挽联、贺联、赠联等。如"日月两轮天地眼；诗书万卷圣贤心。"这副对联，就是南宋大儒朱熹题赠白鹿洞书院的。

　　按来源分，对联又可分为集句联、集字联、摘句联和自创联。如清人彭玉麟[lín]游泰山的集句联："我本楚狂人，五岳寻仙不辞远；地犹邹[zōu]氏邑[yì]，万方多难此登临。"上联引用李白的《庐山遥寄卢侍御[yù]虚舟》，下联引用唐玄宗的《经鲁祭孔子而叹之》和杜甫的《登楼》。

　　对联的内容和形式远远不止于以上那几种，还有许多等着我们一起去发现和探索呢。

观书有感（其一）

南宋·朱熹

半亩方塘一鉴开①，天光云影共徘徊②。

问渠那得清如许③，为有源头活水来。

【注释】①鉴 [jiàn]：镜子。②徘 [pái] 徊 [huái]：来回移动。③渠 [qú]：第三人称代词，指方塘。那 [nǎ]：即后起的"哪"，怎么会。

【译文】

半亩大的方形池塘像一面平整光亮的镜子呈现在眼前，天上的阳光和云彩倒映在水面，随波起伏。试问池水为何如此地清澈[chè]？是因为有永不枯竭的泉源，为它不断地输送着活水。

【诗在说什么】

这是一首著名的哲理诗。

诗人看似吟[yín]咏[yǒng]方塘，实际却是表达自己读书时的深刻体会：如果想要保持内心明澈、通达事理，就必须坚持不懈地进行身心修养，同时还要不断地学习文化知识。

【想一想】

　　1. 你喜欢清澈的水吗？它会带给你怎样的感受？

　　2. 如果我们每个人的心灵都是一个"池塘"，如何才能保持它的明澈？

【学以致用】

　　根据学过的内容，把下面的空白补充完整。

　　"＿＿＿＿＿＿＿＿＿＿，＿＿＿＿＿＿＿＿＿＿。"

不断地学习能够让我们明白更多的道理。

有条不紊 [wěn]

【道具】

　　四个小桶，两个装半桶玻璃球，两个装五个大石块。

【玩法】

　　1.根据学生人数进行分组，以6—8组为宜，每组选派两人参加比赛。

　　2.老师宣布规则，其中玻璃球代表自身需要完成的小事；大石块代表需要小组或班级合作完成的大事；参赛选手负责将玻璃球装入放着石块的桶里，且不能超出桶的边缘。

　　3.抽签决定两两对决小组的序号及先后顺序，确定后，根据参赛顺序提前一轮在场内准备。

　　4.第一轮选手上场，每人两个桶，分别装玻璃球和石块，教师统计完成时间。

　　5.比赛结束后，统计各小组的比赛时间，用时最短的小组获胜。

【思考】

　　想想看，游戏获胜的关键是什么？

【启示】

　　生活中，我们总会同时面对很多事情，如何优化顺序，高效完成，取决于我们平时在生活里是否养成了有条理的处事习惯。

忙趁东风放纸鸢[yuān]

古人把风筝称作"纸鸢"。"鸢"就是鸟，顾名思义，"纸鸢"就是人们用纸仿制的鸟。在纸还没有发明的春秋时期，先民早已"削木为鸟"，制作了纸鸢的前身——木鸢；直到东汉的蔡[cài]伦改进了造纸术，使得纸张价格便宜，民间才出现了用纸来制作的纸鸢。纸鸢一般以竹为骨，蒙上薄纸制成各种形状。它比木鸢更加轻盈，也更容易放飞，最适合在春日游戏。

纸鸢曾在战争中充当重要角色。楚汉相争时，据说韩信曾利用纸鸢测量章台宫下面地道的距离；南朝时期，侯景之乱爆发时，梁武帝曾在宫墙内放飞纸鸢来求援。

凭借着风的推送，体态轻盈的纸鸢可以青云直上；而牵引着它的丝线看似是对它的束缚，实则把控着纸鸢飞行的方向以及安全。如果丝线断了，纸鸢很快就会被风吹走然后跌落尘埃[āi]。在丝线的收放之间，纸鸢稳稳地飞翔于天空；当它以凌云之姿俯瞰[kàn]人间时，也会感谢丝线对它的牵引和保护吧！

恭谨致和即为

礼

千里送鹅毛

贞观年间，回纥[hé]国派缅[miǎn]伯高带着一批奇珍异宝前去拜见唐太宗。白天鹅，是其中最珍贵的礼物。

一路上，缅伯高精心地照顾着白天鹅。这一天，他们来到一条河边，准备休息。看着笼子里的白天鹅，缅伯高想：关了这么久，让它出来活动活动洗个澡吧！于是小心翼翼地把白天鹅放出来。不料，白天鹅挥舞着翅膀飞上了天，很快就消失得无影无踪，只留下了几根洁白的羽毛。

缅伯高急得嚎[háo]啕[táo]大哭。随从们劝道："哭也没用了，还是想想办法吧！"缅伯高反复地想：怎么办？去见唐王？还是回去见国王？思前想后，他决定继续前行。他拿出一块洁白的绸子，把鹅毛包好，在绸子上题了一首诗："天鹅贡唐朝，山重路更遥。沔阳河失宝，回纥情难抛。上奉唐天子，请罪缅伯高。物轻人意重，千里送鹅毛！"

缅伯高带着珍宝和鹅毛，终于来到了长安。唐太宗接见了缅伯高，缅伯高献上礼物。唐太宗看到一个精致的小包，打开一看是几根鹅毛和一首小诗。缅伯高赶忙陈说路上的遭遇，唐太宗哈哈大笑，非但没有怪罪，反而觉得他不辱使命，重重地赏赐了他。

品格修养

恭谨致和即为礼

【释析】"恭谨致和"就是在为人处事中保持谦恭、谨慎 [shèn] 的态度，最终使人际关系和谐、融洽。恭谨是"行礼"的必要条件，"和"是因此而达到的效果。

人物链接 春秋·晏[yàn]婴[yīng]

人物简介

晏婴（?—前500），字平仲，又称晏子，夷[yí]维（今山东高密）人，春秋时期齐国著名的政治家、思想家、外交家。

精神传承

君子无礼，是庶[shù]人也；庶人无礼，是禽兽也。

——西汉·刘向《晏子春秋·内篇谏下》

晏子道歉

春秋时期，齐相晏婴出使晋国，行到中牟[mù]（今河南省鹤壁市）时，看见一个头戴破帽，反穿皮袄[ǎo]，背着草的人坐在路边休息。晏子觉得这个人不像粗野之人，就下车询问。那人自称是齐国的越石父[fǔ]，三年前流落异乡为奴。晏子听后，就用一匹马赎[shú]回了越石父，并载他一道回国。

晏子回到相府后，没有和越石父打招呼就进了自己的房门。越石父很生气，要与晏子绝交；晏子十分不解，不明白自己做错了什么。

越石父说："士人如果被不了解自己的人怠[dài]慢，无所谓；但在了解自己的人面前得不到平等对待的机会就会愤怒。您坐车时没有跟我打招呼就自己上了车，我想这是您一时疏忽；现在您又不向我告辞就直接进屋，这还是把我当奴仆看。既然把我当奴仆看，请您把我转卖给别人吧！"

晏子听后，连连道歉并盛情款待，把越石父奉为上宾。

追根溯源

金文

小篆

隶书

楷书

儀（仪），度也。从人，義声。

——《说文解字》

【本　义】法度；准则。

【引申义】典范。向往。礼节；仪式。容貌；风度。

温柔敦[dūn]厚

温柔敦厚，《诗》教也。

——《礼记·经解》

【释义】指待人温和宽厚。

待人温和宽厚，这是《诗经》教化的结果。

【找一找】

下面的成语，哪些是"温柔敦厚"的近义词？哪些是"温柔敦厚"的反义词？

彬彬有礼　　　　盛气凌人　　　　礼贤下士

前倨[jù]后恭　　　温文尔雅　　　　咄[duō]咄逼人

弟子规
dì zǐ guī

骑 下 马， 乘 下 车①。
qí xià mǎ　chéng xià jū

过 犹 待， 百 步 余。
guò yóu dài　bǎi bù yú

进 必 趋， 退 必 迟。
jìn bì qū　tuì bì chí

问 起 对， 视 勿 移。
wèn qǐ duì　shì wù yí

将 入 门， 问 孰 存。
jiāng rù mén　wèn shú cún

将 上 堂， 声 必 扬。
jiāng shàng táng　shēng bì yáng

---

① 今音"chē"，为押韵，遵古音读"jū"。

欹 [qī] 器

　　孔子在鲁桓[huán]公的庙里参观，看到有一只欹器（倾斜的器皿[mǐn]）在那里。于是，孔子问守庙人："这是什么器皿？"守庙人说："这大概是君主放在座位右边，用来警戒自己的器皿吧。"孔子说："我听说这种器皿空着的时候就会倾斜，灌[guàn]入一半水就会端正，盛满水就会倾倒。"孔子回头对弟子说："向里面灌水吧！"弟子舀[yǎo]了水去灌它。果然灌了一半就端正了，灌满后就翻倒了，空了就倾斜着。孔子感慨[kǎi]地叹息说："唉！哪有满了而能不翻倒的呢？"

　　子路说："我大胆地请教老师一下，保持'满'有什么方法吗？"孔子说："聪明圣智，要用笨拙来保持它；功劳惠及天下，要用谦让来保持它；勇敢有力而能压住世人，要用胆怯[qiè]来保持它；富足得拥有了天下，要用节俭来保持它。这就是所谓的抑制并贬损满的方法啊。"

　　听了孔子的这番话，子路明白了：做人不能自满，而是要始终保持谦恭、谨慎的态度。

中华十德

卷八

中华十德国学经典情境体验教育系列读本

典故解析

击壤[rǎng]而歌，尧帝黎民之自得；让畔[pàn]而耕，文王百姓之相推。

—— 《幼学琼林·地舆[yú]》

【译文】一边玩击壤的游戏一边唱歌，尧帝治理下的百姓怡然自得；互相推让耕地边界，文王教化出的百姓懂得谦让。

【典故背景】

击壤而歌：《帝王世纪》记载，帝尧统治时期，天下太平，有老人一边击壤一边唱歌。击壤是古代的一种游戏，规则是把一块鞋子状的木片侧放地上，在三四十步处用另一块木片去投掷[zhì]它，击中的就算得胜。"击壤而歌"展现了老百姓恬[tián]静生活的画面，说明统治者无为而治，天下有道。后用"击壤"来称颂太平盛世。

让畔而耕：《史记·周本纪》记载，周文王在位时注重教化百姓。他治理下的百姓，民风淳[chún]厚，耕田的人互相推让田界，让对方多占有土地。后用"让畔"称颂君王德政。

格律赏析

楼对阁，户对窗。巨海对长江。

蓉裳 [cháng] 对蕙 [huì] 帐，玉斝 [jiǎ] 对银釭 [gāng]。

青布幔 [màn]，碧油幢 [chuáng]。宝剑对金釭 [gāng]。

忠心安社稷，利口覆 [fù] 家邦。

—— 《声律启蒙·三江》

【想一想】

1. 上面文句中，"楼""阁""户""窗"都和什么有关？"裳"
"帐""幔""幢"都和什么有关？

2. 上面文句中，和"忠心"相对的是什么？你知道最后一句的
意思吗？

【名联赏析】

1. 无心云出岫；有色月窥窗。

2. 风送花香轻度幕；雨滋草色暗侵窗。

有趣的对联

对联形式多样、内容丰富。有很多对联妙趣横生，读起来让人拍案叫绝。比如：

拆字联：

> 闲看门中木；
>
> 思耕心上田。

组字联：

> 日在东，月在西，天上生成明字；
>
> 女居左，子居右，世间配成好人。

隐藏人名的对联：

> 月照纱窗，个个孔明诸葛亮；
>
> 池洗莲藕[ǒu]，根根太白李长庚[gēng]。

除了上面的那些，有趣的对联还有很多，等着我们一起去探索发现呢。

中华十德

卷八

礼—恭谨致和即为礼

中华十德

卷八

中华十德国学经典情境体验教育系列读本

萍 池

唐 · 王维

春池深且广，会待轻舟回^①。

靡靡绿萍合^②，垂杨扫复开。

【注释】①会：应当。回：今音"huí"，为押韵，遵古音读"huái"；返回。②靡靡：迟迟，指小舟过后，绿萍慢慢合拢。

【译文】

　　春天到了，池水深深蔓[màn]延到远方。岸边静静候着，等待小船驶来载我过岸。撑一支竹篙[gāo]漂荡在水面上，绿茸[róng]茸的浮萍被拨动，又慢慢合拢。和暖的春风拂过，柔嫩的柳条轻轻摇摆，刚刚聚在一起的浮萍，又一次被荡开。

【诗在说什么】

　　春日的宁静，在诗人笔下展开。

　　诗人临水而立，感受着眼前的安静：一池春水波澜[lán]不兴，一叶扁舟划过水面；绿萍漂浮，或平铺或开合，偶尔杨柳拂过，也不妨"展颜一笑"。

　　自然之乐，尽在其中。

【想一想】

1.这首诗中，有哪些事物"打扰"到了"绿萍"？

2.被打扰的"绿萍"，都有哪些反应呢？生活中，你遇到过这样的人吗？

【学以致用】

根据学过的内容，把下面的空白补充完整。

1．一池春水既深邃[suì]又广阔，想要过到对岸，恐怕要"＿＿＿＿＿＿＿＿＿＿＿＿＿"了。

2．靡靡绿萍合，＿＿＿＿＿＿＿＿＿＿＿＿。

互动游戏

初次见面

【玩法】

1.根据学生人数进行分组，以6～8组为宜。

2.学生和老师共同规定手势形式及内容，如：伸出一根手指，代表"点头"；伸出两根手指，代表"握手"；伸出三根手指，代表"作揖[yī]"；伸出四根手指，代表"拥抱"。

3.各组组长抽签，确定两两对决小组的序号及参赛顺序；每次每组选派两名选手参赛，组长确定先后顺序。

4.根据对决情况及参赛顺序，提前两轮在规定场地内准备。

5.老师发布指令，两组选手同时做出手势，并根据手势内容互动；如，教师发布"拥抱"指令，则伸出四根手指，并拥抱。

6.组内两人出示的手势一致，实践相关动作，并与对方小组成员以此方式打招呼，全部完成后，一轮游戏结束。

7.所有小组完成游戏时，游戏结束。

【思考】

1.熟人见面时，有哪几种礼节呢？

2.初次见面时，我们应该怎样表现自己的礼貌呢？

【启示】

中华民族历来重视礼仪，素有"礼仪之邦"的美称。作为民族传人的我们，在日常的生活中应该做一个懂礼、守礼的人。

中华十德

卷八

礼—恭谨致和即为礼

跪拜礼

跪拜礼源于古人席地而坐的方式。

汉代以前，正式的凳[dèng]椅还没有出现，那时人们的"坐"，相当于我们今天的跪。坐的时候，两膝[xī]着[zhuó]地，臀[tún]部坐于脚跟之上，脚掌向后向外。

如果有宾客来访，相言甚欢；当主人需要向客人致谢，为表示尊敬，往往伸直上半身，也就是"引身而起"，使坐变成了跪，然后俯身向下。这样一来，就逐渐形成了日常生活中的跪拜礼。

第四单元

切问近思即为

智

邹 [zōu] 忌谏 [jiàn] 齐王

战国时期，齐国的邹忌身高八尺，容貌俊美。

一天，他穿戴整齐，问妻子："我和城北的徐公相比，谁更美？"妻子说："当然是您美，徐公比不上您！"

邹忌不相信自己会比徐公美，就问小妾[qiè]："我和城北的徐公，谁更美呢？"小妾怯[qiè]生生地说："当然是您美啊！"

第二天，有客人到访想让邹忌帮忙。邹忌说："先别忙，我请教您一个问题，我和城北的徐公，谁美？"客人讨好地说："当然是您美了！徐公比不上您的万分之一啊！"

后来，徐公来访，邹忌觉得自己确实比不上他。他思量再三，上朝去拜见齐威王，说："我不如徐公漂亮，可妻子偏爱我，小妾害怕我，客人有求于我，都说我比徐公美。我想，如今齐国强盛，您贵为一国之君，宫中妃嫔[pín]没有不偏爱您的，朝中大臣没有不害怕您的，全国百姓没有不有求于您的，您受到的蒙蔽[bì]，恐怕更深啊！"

齐威王接受了邹忌的意见，下令征求意见并积极改正，齐国更加强大了。

品格修养

切问近思即为智

【释析】"切问近思"就是恳切地发问，同时就近省 [xǐng] 思。"切问近思"是获取知识，提升修养的重要方法。

人物链接 战国·廉[lián]颇[pō]

人物简介

廉颇，生卒年不详，山西太原人（一说山西运城），战国末期赵国名将，与白起、王翦[jiǎn]、李牧并称"战国四大名将"。

人谁无过？过而能改，善莫大焉。

——《左传·宣公二年》

负荆[jīng]请罪

战国时期，赵国的蔺[lìn]相如因为"完璧[bì]归赵"与"渑[miǎn]池之会"有功，被赵王封为上卿[qīng]，越过了战功赫[hè]赫的大将军廉颇。

廉颇很不服气，气呼呼地说："我冒着生命危险，为国征战多年，怎么反而不如一个卖嘴皮子的人？更何况他本来就是一个平民百姓，这不是羞辱我吗？"于是廉颇对外宣称："我一定要当面羞辱蔺相如，以解我心头之恨！"

蔺相如知道后，常常称病不去上朝；路上遇到廉颇，也赶紧避开。大家都认为他惧怕廉颇，渐渐地，手下的门客也纷纷想要离开。蔺相如挽留他们，说："诸位认为，廉将军和秦王，谁更厉害？"

"当然是秦王了！"大家异口同声地回答。

"对啊，秦王我都不怕，怎么会怕廉将军？我之所以如此，是为了赵国啊！秦国不敢侵犯赵国，就是因为有我和廉将军在。如果我们两人起了争执，赵国就危险了！"

廉颇知道了，非常惭愧。于是，他脱下战袍，背上荆条，到蔺相如家里来请罪。蔺相如见廉颇前来请罪，连忙热情地出来迎接。从此以后，他们俩成了好朋友，同心协力保卫赵国。

追根溯源

小篆

隶书

楷书

行书

思，容也。

从心，囟[xìn]声。

——《说文解字》

【本　义】思考；想。

【引申义】想念。心绪；情思。构思。

切[qiè]问近思

子夏曰："博学而笃志，切问而近思，仁在其中矣。"

——《论语·子张篇》

【释义】博：广博，广泛；笃[dǔ]：坚定，笃定；切：恳切。恳切地发问，同时就近省思。

子夏说："广泛地学习，同时坚定志节；恳切地发问，同时就近省思；人生的正途就可以找到了。"

【找一找】

下面的成语，哪些是"切问近思"的近义词？哪些是"切问近思"的反义词？

闭门思过　　　自欺欺人　　　三省[xǐng]吾身

执迷不悟　　　反躬自省　　　刚愎[bì]自用

中华十德

弟子规
dì zǐ guī

才 大 者，望 自 大。
cái dà zhě　wàng zì dà

人 所 服，非 言 大。
rén suǒ fú　fēi yán dà

己 有 能，勿 自 私。
jǐ yǒu néng　wù zì sī

人 所 能，勿 轻 訾。
rén suǒ néng　wù qīng zǐ

勿 谄 富，勿 骄 贫。
wù chǎn fù　wù jiāo pín

勿 厌 故，勿 喜 新。
wù yàn gù　wù xǐ xīn

卷 八

智—切问近思即为智

望洋兴叹

　　秋天的时候，千百条河流都奔向黄河。那时节，黄河的水波涛浩瀚[hàn]，两岸及河中水洲之间，连牛马都分辨不清。于是，黄河之神河伯洋洋自得，十分高兴。他想：天下所有的美景，大概都在我的怀抱中了吧！他越想越开心，不知不觉，顺着水流的方向，一直向东走去，来到了海边。

　　面对大海，河伯惊呆了。他踮起脚尖，极力地向东望去，可大海的尽头在哪里呢？他根本看不到。

　　这时，他突然意识到了自己的问题，惭愧极了。他茫然地抬起头，对着海神若感慨道："俗话说得好啊，'自己觉得自己知道了很多道理，就会认为别人都不如自己。'这说的正是我呀。如果我不到你的面前，恐怕会永远被见多识广的人嘲笑了。"

　　人外有人，天外有天。能够及时地自我反省，十分可贵。

中华十德国学经典情境体验教育系列读本

以铜为鉴，可整衣冠；以古为鉴，可知兴替。

——《幼学琼林·器用》

【译文】用铜做镜子，可以整理衣冠；用历史做镜子，能够知道王朝的兴衰得失。

【典故背景】

这句话出自《旧唐书·魏徵[zhēng]传》，原句为："夫以铜为镜，可以正衣冠；以古为镜，可以知兴替；以人为镜，可以明得失。"意思是：用铜作为镜子，可以整理衣服和帽子；用历史作为镜子，可以知道国家兴亡的原因；用人作为镜子，可以发现自己的对错。贞观十七年（643），直言敢谏[jiàn]的大臣魏徵病故，唐太宗十分悲痛，感叹自己失去了一面镜子。

中华十德

卷八

智—切问近思即为智

格律赏析

世祖中兴延马武，桀[jié]王失道杀龙逄[páng]。

秋雨潇[xiāo]潇，熳[màn]烂黄花都满径；

春风袅[niǎo]袅，扶疏绿竹正盈窗。

——《声律启蒙·三江》

【找一找】

1.上面文句中，和"黄花"相对的词语是什么？你还能想到哪些类似的词语？

2.上面文句中，分别用什么词来形容"秋雨"和"春风"？换成其他的词可不可以？

【名联赏析】

1.游蜂粘柳絮；戏蝶绕花枝。

2.树正影无偏；源清流自洁。

3.杨柳池塘风淡淡；梨花院落月溶溶。

对联创作的基本要求（一）

对联创作的第一要求就是平仄[zè]合律。无论是普通的对联，还是同字异音联、异字同音联……都要遵守"仄起平落"的要求。如：

同字异音联：

海水朝朝朝朝朝朝朝落；（读音：海水潮，朝[zhāo]朝潮，朝潮朝落）

浮云长长长长长长长消。（读音：浮云涨，长[cháng]长涨，长涨长消）

异字同音：

移椅倚桐同赏月；

点灯登阁各攻书。

不难发现，仄起平落的要求保证了对联以高平音结尾，十分便于吟诵。

雪梅（其一）

南宋·卢梅坡

梅雪争春未肯降①**，骚人阁笔费评章**②**。**

梅须逊[xùn]雪三分白，雪却输梅一段香。

【注释】①降[xiáng]：服输。②骚人：诗人。阁：同"搁"，放下。评章：评论，判断。

【译文】

梅花暗香浮动，白雪冰晶光洁，初春时节，它们争相绽放，各不相让。究竟谁更有风韵呢？恐怕连诗人都得放下笔来，细细思量：雪花晶莹洁白，梅花确实逊色三分；但梅香清幽，却也是雪花比不上的啊。

【诗在说什么】

梅雪入诗，常常以雪衬梅；诗人别出心裁，将二者比较起来。

开篇描绘出梅雪争春的热闹场面，令人不禁想为它们评个高下。三、四句将梅雪进行比较，得出雪白胜梅一筹，而梅香又是雪

所不及。以此来告诉人们：尺有所短，寸有所长；取长补短，各尽其用，才是正理。

【想一想】

1.梅花和雪花分别有怎样的优点和缺点？请结合诗作原文回答。

2.每个人也都有自己的优点和缺点，你知道自己的优点和缺点吗？

【学以致用】

根据学过的内容，把下面的空白补充完整。

春姑娘的脚步越来越近了！她看着身边的梅花，天空飘落的雪花，各自美丽着，忍不住赞叹道："＿＿＿＿＿＿＿＿＿＿＿＿＿＿＿，＿＿＿＿＿＿＿＿＿＿＿＿＿。"

反思的智慧

【玩法】

1.根据学生人数进行分组，以6—8组为宜。

2.各组组长抽签决定参赛顺序及对决小组。

3.每轮游戏，每组选派一人参加；根据比赛顺序，提前准备。

4.教师发令，游戏开始：一人从1—5中任意说出一个数字，同时用手指表示另一个数字，二者不能一致，同时不能超过5；另一人负责统计正确轮数。

5.一人犯规后，二人进行交换，规则不变。

6.三轮比赛结束后，各小组统计正确轮数；最多者获胜。

【思考】

1.你认为自己能坚持几个回合？事实上坚持了几个回合？

2.想的和做的不一致时，你有什么感觉？你能举出自己"心口不一"的例子吗？

【启示】

每个人都有犯错误的时候，懂得反省、引以为鉴，慢慢就会变成一个有智慧的人了。

衣被天下

　　在我国，织布机的使用可谓历史悠久。

　　中国作为最早养蚕缫[sāo]丝的国家，在纺织领域的发明创造一直领先于世界。"男耕女织"在说明古代中国男女分工的社会形态的同时，也从另一方面说明了纺织技术的普及。

　　南宋时期，有位13岁的小姑娘跟随商队到了崖[yá]州（今海南省三亚市）。当时，在崖州居住的黎[lí]族人掌握着更加先进的纺织技法。这位姑娘虚心地向当地居民请教，从用木棉的棉絮[xù]纺纱，到使用米酒、椰[yē]子水、树皮等野生植物做染料为布料上色，再到用机杼[zhù]来综[zōng]线、提花、织布等等。最终，她通过三十年的反复实验改进，发明了新式纺纱车，使纺纱效率提高了两三倍；她还发明了新式的纺织技术，使"崖州被"名扬天下，被誉为"机杼精工，百卉[huì]千华[huā]。"而这些技术整整领先了欧洲四百年！

　　这个虚心学习又敢于创新的姑娘，一生都在追寻着更高超的纺织技术。她就是我国古代伟大的纺织家，"衣被天下"的黄道婆。

言不轻诺即为

信

韩信报恩

西汉初期的韩信，是中国历史上最有名的军事家之一。但他年轻时，却穷困潦[liáo]倒，常常要靠别人的接济来度日，因此很多人都瞧[qiáo]不起他。

有一天，韩信在城下钓鱼，希望能有好运气，解决温饱。当时，还有几位老大娘正在洗衣服。其中一位大娘看到韩信饿得瘦弱无力、昏昏欲倒的样子，就拿出自己的饭分给韩信吃。后来，为接济韩信，这位大娘竟天天到河边去洗衣服。

韩信非常感激，对那位大娘说："大娘，等我将来飞黄腾达了，一定会重重地报答您老人家的。"

没想到大娘却十分生气，她对韩信说："大丈夫都不能养活自己，还提什么报答？再说，我是可怜你才给你饭吃，难道是希望你报答吗？"

韩信听了十分惭愧，心里暗暗发誓：有朝一日，一定要报答老人家！

后来，韩信功成名就，被封为楚王。他没有忘记对恩人的诺言，找来当年给他饭吃的大娘，重重地赏赐了她。

言不轻诺即为信

【释析】"言不轻诺",是指不轻易向人许诺。轻易许诺的人往往会因为诺言得不到兑现而使自己失去信用。

品 物 链 接　春秋·齐桓公

人物简介

齐桓公(?—前643):春秋时期齐国国君。姓姜,名小白。他在位时任用管仲为相,尊王攘[rǎng]夷,多次主持诸侯会盟,成为"春秋五霸"之首。

晋文公谲[jué]而不正，齐桓公正而不谲。

——《论语·宪问》

齐桓公守信得诸侯

　　春秋时期，齐国与鲁国交战。由鲁国将军曹沫率领的鲁军多次失利，节节败退。鲁庄公十分害怕，就向齐国割让城池，以求平息战争。齐桓公同意了，并与鲁庄公举行会盟，表示两国开始友好往来。

　　就在齐桓公和鲁庄公订立盟约的时候，曹沫突然手持匕首绑架了齐桓公，齐国的士兵们不敢轻举妄动。齐桓公大惊失色，问曹沫说："你要干什么？"曹沫回答道："齐国强大，鲁国弱小，你们侵略我们的国家，太过分了！我要让你归还侵占我们国家的土地！"

　　齐桓公感到无奈，只好硬着头皮答应曹沫的要求。

　　会盟结束后，齐桓公非常生气，打算背反和曹沫的约定，拒绝归还鲁国土地。这时，相国管仲劝谏说："国君不可以这么做。不归还鲁国土地，您只能得到一时的痛快，却会失信于诸侯。失信于诸侯，天下人就不会再帮我们了！"

　　最后，齐桓公听从了管仲的建议，把侵占鲁国的土地全都还给了鲁国。诸侯们知道了这件事情，都认为齐桓公言而有信，渐渐地都依附了齐国，齐国也因此更加强大了。

中华十德

卷八

中华十德国学经典情境体验教育系列读本

金文	小篆
隶书	楷书

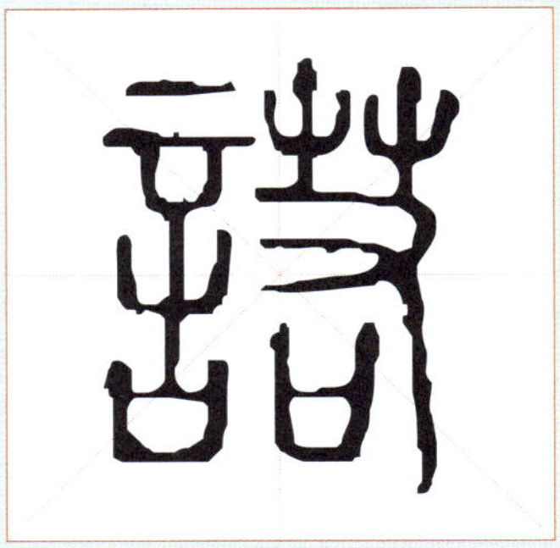

諾（诺），讘（应）[yìng]也。

从言，若声。

——《说文解字》

【本　义】答应声。

【引申义】答应；允许。顺从。

中华十德

卷八

中华十德国学经典情境体验教育系列读本

轻诺寡信

夫轻诺必寡信，多易必多难。

——《老子·六十三章》

【释义】诺：答应。轻易许诺，不守信约。

轻易允诺的一定会失信，把事情看得太容易一定会遭遇更多的困难。

【找一找】

下面的成语，哪些是"轻诺寡信"的近义词？哪些是"轻诺寡信"的反义词？

一诺千金	背信弃义	言而有信
自食其言	说一不二	言而无信

弟 子 规

借 人 物， 及 时 还。

人 借 物， 有 勿 悭。

事 非 宜， 勿 轻 诺。

苟 轻 诺， 进 退 错。

凡 道 字， 重 且 舒。

勿 急 疾， 勿 模 糊。

失信的伪君子

　　从前有一个人，假仁假义，但却总号称自己是天下最慈悲的人。有一次，他捉了一只鳖[biē]，有心想煮熟了吃肉喝汤，但又不想承担残害生灵的恶名。怎么办呢？他绕着这只鳖转了好几圈，终于想到了一个办法。

　　他先用大火把锅里的水烧得滚开，然后把一根细竹棍横放在盛满开水的锅上，像桥一样。一切准备就绪，他对鳖说："我这个人，天性善良，实在不忍心伤害你。这样吧，只要你能从竹棍上爬过去，我就放了你。"

　　这只鳖虽然知道他的用心，但为了活命，还是拼尽全身力气，冒着高温，勉勉强强地爬了过去。

　　这个结果让这个人大失所望。怎么办呢？只见他眼珠子转了两圈，计上心来。他拍着手说："你真棒！看你过桥，太有趣了！你再来一遍吧！如果这次你还能爬过来，我一定会放了你！"

　　可是，这只鳖再也爬不动了，它愤怒地对那人说："你想吃我，就明说好了！何必假仁假义，为自己反复找借口呢！"

　　做了坏事还要花言巧语地为自己找理由、欺骗受害人，这些人比那些明火执仗的坏人更加阴险毒辣！

毛遂[suì]片言九鼎，人重其言；季布一诺千
金，人服其信。

——《幼学琼林·人事》

【译文】 毛遂的几句话分量如同九鼎一般，人们看重他的话；季布的诺言价值好比千金，人们敬佩他的守信。

【典故背景】

"毛遂"句：据《史记·平原君虞[yú]卿列传》记载，战国时期，秦国进攻赵国，赵国平原君带着门客毛遂等二十人出使楚国。在楚国的朝堂上，毛遂说[shuì]服楚国出兵救了赵国。事后平原君赞扬毛遂，说毛遂的一番话使得赵国重于九鼎，他的三寸之舌胜过百万雄兵。九鼎，相传为大禹所铸，象征九州，后比喻分量重。

"季布"句：据《史记·季布栾[luán]布列传》记载，汉代的季布为人正直仗义，很讲信用，在楚地非常有名气。当地的谚语说："得黄金百斤，不如得季布一诺。"人们认为季布的承诺比百两黄金更加贵重。

格律赏析

旌[jīng]对旆[pèi]，盖对幢。故国对他邦。
千山对万水，九泽对三江。
山岌[jí]岌，水淙[cóng]淙。鼓振对钟撞。
清风生酒舍，皓[hào]月照书窗。

——《声律启蒙·三江》

【想一想】

1.这段文句中，"千山""万水"是指一千座山、一万条水吗？

2."淙淙"用来形容流水的什么呢？你还能想到其他的词吗？

【名联赏析】

1.蝉噪林愈静；鸟鸣山更幽。

2.无可奈何花落去；似曾相识燕归来。

3.江间波浪兼天涌；塞上风云接地阴。

对联创作的基本要求（二）

对仗工整，是对联创作的另一基本要求。对联中，上下联字词如果不能相对而出，"对联"之名也就无从谈起了。因此，无论古今，但凡对联，就一定要遵守"对仗工整"的原则，即便是格式特殊奇绝的对联也是如此。比如一副异字同音联：

　　无山得似巫山好；

　　何水能如河水清。

这一联中，"无山"和"何水"对仗，"好"和"清"对仗，"似"和"如"对仗。"无山"与"巫山"，"何水"与"河水"，都是异字而同音。

寒 食

唐·韩翃 [hóng]

春城无处不飞花①，寒食东风御柳斜②。

日暮汉宫传蜡烛③，轻烟散入五侯家④。

【注释】 ①春城：指长安。②寒食：即寒食节。御柳：宫中的柳树。斜：今音"xié"，为押韵，宜遵古音读作"xiá"。③汉宫：即宫廷。④五侯家：代指达官显贵。

【译文】

晚春的长安，到处飘飞着花絮；寒食时节，东风仿佛吹斜了宫中的柳树。在全民禁火的日子里，宫廷、贵族家中却燃起了皇家御赐的蜡烛；朦胧中，升起淡淡的烟雾。

【诗在说什么】

达官显贵们的背信行为在诗中表露无遗。

"寒食"一题在点明时间的同时，更暗含着官方规定这一天禁止烟火的命令。但只有百姓遵守规定，贵族官员家中却点亮了皇宫中御赐的蜡烛。显然，违背规定的是自上而下的宫廷贵族、官员

中华十德

卷八

中华十德国学经典情境体验教育系列读本

大臣。景致描写中，蕴含着对达官显贵说一套做一套的背信行为的谴[qiǎn]责。

【想一想】

1.所有答应别人的事情，都必须做到吗？为什么？

2.寒食节还有哪些风俗呢？

【学以致用】

根据学过的内容，把下面的空白补充完整。

春末，桃红柳绿，处处飞花。看到这一幕，诗人忍不住吟出：

"——————————————，——————————————"

的诗句。

中华十德

卷八

中华十德国学经典情境体验教育系列读本

言不由衷 [zhōng]

【玩法】

1. 根据学生人数进行分组，以6～8组为宜。

2. 组长抽签决定参赛顺序及对决小组，并确定组内参赛顺序。

3. 根据参赛顺序，提前两轮在场内准备。

4. 参赛选手两两对决，用"是"或"不是"回答问题，但回答必须与事实相反。如两位男生互相提问："你经常化妆吗？"该男生必须回答："是。"

5. 每组选手每轮互相提问三次，统计正确率后进行下一轮。

6. 所有同学都参加后，对各组正确率进行统计，正确率高者获胜。

【思考】

1. 当你回答的问题，答案与事实相违背时，你有什么感受？

2. 生活中，你有"言不由衷"的时候吗？和大家分享一下吧。

【启示】

思虑周详、动以真诚、谨慎言语，是"诚信"的表现。

中华十德

卷八

信——言不轻诺即为信

剪 纸

剪纸，虽名为剪"纸"，但这种艺术在纸张还没有发明的周代就已略具雏[chú]形了。

相传周武王逝世后，武王的弟弟周公旦辅佐武王的儿子成王，将国家治理得井井有条。一天，成王与弟弟叔虞玩游戏，他随手拿起一片梧桐树叶剪成玉圭[guī]的形状，递给叔虞说："叔虞，拿着，这是我封赏给你的。"

在古代，玉圭代表着诸侯的品阶，叔虞高兴地拿着梧桐叶剪成的玉圭告诉了周公。周公得知后就请求成王赐予叔虞封地。成王非常惊讶，他说："这只是我们兄弟间的游戏而已，叔父何必当真？"

周公说："您是天下共主，言行都要谨慎，天子无戏言。"成王听后，感到很有道理，就把唐地封给了叔虞，后世因此称叔虞为"唐叔虞"。后来，"桐叶分封"的故事流传到民间就演化出了剪纸这门艺术。

故事中，周公的话让成王懂得了谨言慎行的道理。现实中，我们每个人也都应该注意自己的言行，诺不轻许，言出必行。

第六单元

卷八

中华十德国学经典情境体验教育系列读本

直言不讳即为

忠

魏徵进谏

唐太宗李世民特别宠爱自己的女儿长乐公主。

公主出嫁时，唐太宗下诏说："长乐公主是皇后的女儿，性格温婉[wǎn]和顺，我和皇后都很钟爱她。如今她就要出嫁了，我一定要为公主准备丰厚的嫁妆，让她风风光光地出嫁。"

大臣们看准了皇帝的心思，纷纷投其所好，有人进言道：给长乐公主双倍于永嘉长公主的嫁妆标准。这时魏徵站出来表示反对，他对太宗皇帝说："永嘉公主是长乐公主的姑姑，晚辈的嫁妆超过长辈，这不符合礼制！这样一来，天下人会如何评价公主呢？"

唐太宗思量再三，认为魏徵说得有理，就回宫告诉了长[zhǎng]孙皇后。

长孙皇后听后连连称是，还派人赏赐给魏徵大量的钱财布匹，并传话说："早就听说你很正直，现在见识到了，希望你一直保持下去。"

魏徵为官期间，前后进谏两百多次，辅佐太宗皇帝共同开创了"贞观盛世"，后人誉之为"一代名相"。

品 格 修 养

直言不讳[huì]即为忠

【释析】"直言不讳"是指直率地说话，无所隐讳。与人相交，"直言不讳"是忠诚的表现。

人 物 链 接　北宋·寇[kòu]准

人物简介

寇准，字平仲，华州下邦[guī]（今陕西渭南）人。北宋政治家，诗人。寇准善诗能文，有《寇忠愍[mǐn]诗集》传世，与白居易、张仁愿并称"渭南三贤"。

立朝侃侃[kǎn]，直道靡顾。致身鼎铉[xuàn]，秉节清素。

——明·孙承恩《文简集·卷三十八·寇忠愍公》

直言敢谏的寇准

宋朝的寇准，为人刚直不阿[ē]，为官时深得宋太宗的喜爱。

宋太宗选拔人才，通常不愿录取年纪小的人。有人就建议寇准增报年龄以蒙混过关。寇准答道："我刚刚出来做官，怎能欺骗君主呢？"后来寇准中了进士，被授予官职。

有一年天下大旱，太宗皇帝召集大臣询问缘故。大臣们都说这是天象。只有寇准直言不讳地说："天和人是互相感应的，天下大旱是因为人间有不平之事！"宋太宗勃然大怒，起身离开。过了一会儿，又召见寇准，命他说出缘故。寇准说："不久前，祖吉和王淮[huái]都因贪赃枉法被捉拿下狱。祖吉受贿[huì]少却被杀头；王淮因为是参政王沔的弟弟，受贿很多，却只打了几棍子，仍官复原职。这不是不公平又是什么？"宋太宗调查后，发现事实果然如寇准所言。

后来，寇准触怒了宋太宗，被贬到青州。没过几天，宋太宗就十分想念寇准，经常说："寇准在青州，很开心吧？""寇准得到那么一块好地方，一定不辛苦。"第二年，他就将寇准召回京城，拜为宰相。

宋太宗曾说："我得到了寇准，就像唐太宗得到了魏徵一样。"

中华十德

卷八

忠——直言不讳即为忠

追根溯源

甲骨文

金文

小篆

隶书

直（直），正见也。

从∟[yǐn]，从十，从目。

——《说文解字》

【本　义】正见。

【引申义】不弯曲。合乎正义的。端正。

成 语 导 读

直言不讳

晏子相景公，其论人也，见贤而进之，不同君所欲；见不善则废之，不辟君所爱。行己而无私，直言而无讳。

——《晏子春秋·外篇上二二》

【释义】 讳：忌讳，隐讳。直率地说话，无所隐讳。

辟：同"避"，躲避。晏子担任齐景公的国相时，选拔人才的原则是，遇到有才德的人就进用他，不求和君主的想法相同；遇见没有才德的人就罢免他，也不顾忌这人是否为君主所宠爱。他的所作所为没有私心，对君主直言劝谏而没有隐讳。

【找一找】

下面的成语，哪些是"直言不讳"的近义词？哪些是"直言不讳"的反义词？

心直口快　　直截了当　　闪烁其词

直抒己见　　旁敲侧击　　讳莫如深

弟子规

shàn xiāng quàn　　dé jiē jiàn
善 相 劝，德 皆 建。

guò bù guī　　dào liǎng kuī
过 不 规，道 两 亏。

shì fú rén　　xīn bù rán
势 服 人，心 不 然。

lǐ fú rén　　fāng wú yán
理 服 人，方 无 言。

guǒ rén zhě　　rén duō wèi
果 仁 者，人 多 畏。

yán bú huì　　sè bú mèi
言 不 讳，色 不 媚。

中华十德

卷八

忠——直言不讳即为忠

齐桓公好紫衣

　　齐桓公喜欢穿紫色的衣服，于是整个国都的人都竞相穿紫色的衣服。可那时，紫色布料十分昂贵，几匹没染色的布都换不来一匹紫色的布。

　　齐桓公对此十分忧虑，担心这样下去，国家会养成奢[shē]靡的风气，于是对管仲说："我喜欢穿紫色的衣服，整个国都的百姓都效仿我。可紫衣价格昂贵，这样下去，可怎么好呢？"

　　管仲说："您想要制止这种情况，就试一下不穿紫衣服。只有您作出了表率，下面的风气才会扭转过来啊！不如您从今以后就对身边的人说：'我非常厌恶紫色衣服。'"

　　齐桓公接受了管仲的建议。从此后，只要有人穿着紫色的衣服在齐桓公面前出现，他都显得很嫌恶，皱着眉头，不耐烦地说："你们离我远一点儿！我很不喜欢紫色的衣服，看到它我就觉得不舒服。"

　　时间久了，大家都以为齐桓公不喜欢紫色的衣服；渐渐地，国都中再也没有人穿紫色的衣服了。

　　王阳在位，贡禹[yǔ]弹冠以待荐；杜伯非罪，左儒宁死不徇[xùn]君。

——《幼学琼林·朋友宾主》

【译文】 王阳当了官，贡禹就弹掉自己帽子上的灰尘等待被举荐；杜伯无罪受罚，左儒据理力争，宁死也不顺从君王。

【典故背景】

　　"王阳"句：据《汉书·王吉传》记载，西汉人王阳和贡禹是好朋友。王阳担任刺史（地方的军事及行政长官）时，贡禹就弹掉自己帽子上的灰，等待他推荐自己做官。后以"弹冠相庆"指互相庆贺，多用作贬义。

　　"杜伯"句：据《说苑·立节》记载，杜伯和左儒是周宣王时期的大臣，也是非常要好的朋友。杜伯无罪，周宣王却要杀他；左儒向周宣王进谏但没有成功。杜伯被杀后，左儒自杀而死。徇：顺从。

中华十德

卷八

忠——直言不讳即为忠

格律赏析

阵上倒[dǎo]戈辛纣战，道旁系剑子婴降。
夏日池塘，出没[mò]浴波鸥对对；
春风帘幕，往来营垒[lěi]燕双双。

——《声律启蒙·三江》

【想一想】

1.上面文句中出现了几种古代兵器？

2.“夏日”为什么可以和“春风”相对？说说这样对的理由。

【名联赏析】

1.茗烟春寺静；松月夜窗虚。

2.芝草覆云含宿雨；柳花舞雪障晴空。

对联创作的基本要求（三）

对联创作中，除文意切题外，还要求上下联语意连贯，能够营造出优美的意境来；而不是前后语意不搭或语意重复。

关于对联的语意表达，有这样一个故事：

从前有一个穷书生，满腹文章却家境贫寒。他每每向亲友借贷，但都无人理会。他中了举人后，亲友们纷纷换了一副面孔前来巴结他。书生感慨之余，作了一副对联贴在自家门口，亲友们见了都惭愧得离去。对联是：

回忆去岁，饥荒五、六、七月间，柴米尽焦枯，贫无一寸铁，赊[shē]不得，欠不得，虽有近亲远戚，谁肯雪中送炭；

侥[jiǎo]幸今年，科举头、二、三场内，文章皆合适，中了五经魁[kuí]，名也香，姓也香，不拘张三李四，都来锦上添花。

这副对联不仅对仗工整，而且上下联文意连贯，讽喻深刻，一气呵成，读来酣[hān]畅淋漓。

雪

唐·罗隐

尽道丰年瑞①，丰年事若何？

长安有贫者，为瑞不宜多。

【注释】 ①年瑞：指俗语"瑞雪兆丰年"。

【译文】

　　都说"瑞雪兆丰年"，可即便是丰年，又能怎么样呢？长安城里有那么多因贫困而无力御寒的人，大雪这种"祥瑞"还是不要太多的好。

【诗在说什么】

　　常言道"瑞雪兆丰年"，但诗人却有不同的看法。

　　首句道出人们面对大雪时的心境，很多人吹捧其为"祥瑞之兆"，以取悦当权者。但诗人却直言不讳地指出：天子脚下，都城长安，尚且有许多衣食不周、无力御寒的人，何况边远地区？老百姓的温饱问题并不是一句祥瑞就可以解决了的。

　　整首诗，对百姓的关切和对统治者的不满溢于言表。

【想一想】

　　1.想想看，哪些人会不喜欢下雪呢？为什么？

　　2.你还知道哪些描写雪的诗句？和大家分享一下吧！

【学以致用】

　　根据学过的内容，把下面的空白补充完整。

　　大雪漫天，长安城里格外寒冷，许多百姓吃不饱、穿不暖。想到这里，诗人忍不住感叹道："＿＿＿＿＿＿，＿＿＿＿＿＿。"

互 动 游 戏

真心朋友

【玩法】

1.根据学生人数进行分组，以6～8组为宜。

2.组长抽签决定游戏顺序，每轮每次一人。

3.第一位参赛同学上台后，邀请好友共同上台，两人面对面坐下。

4.其中一人悄悄写下最近发生的一件事，另一人辨识他的情绪，如愤怒、伤心、快乐、紧张、烦躁等等。

5.写下事情的同学叙述自己现在的感受，例如说："我很开心。"好朋友猜测他所写的事件，例如说："是因为快要下课了吗？"

6.猜测事件的同学只能问三次，超过三次没有猜出来即为失败。

7.教师根据时间安排参加游戏的人数，猜出好友心事最快最多的小组获胜。

【思考】

如果好朋友做了错事，而你恰巧知道这件事，你会怎么做？

【启示】

朋友之间既要坦诚相处、直言不讳，同时也要讲求方式方法，充分考虑到对方的感受。

古琴的由来

在古代，琴是君子修身养德的必备之物，位列"琴棋书画"之首。古人说"君子无故不撤琴瑟[sè]"，也就是在君子的居所，必有琴和瑟相伴。

古琴声音含蓄，具有君子之风。它的音色依据弹法不同分为三类：散音、泛音和按音，这三种音色分别象征天、地、人。汉代桓谭在《新论·琴道》中说："琴之言禁也，君子守以自禁也。"又说："昔神农氏继伏羲[xī]而王天下，上观法于天，下取法于地，近取诸身，远取诸物，于是始削桐为琴，练丝为弦，以通神明之德，合天地之和焉。"意思是，古琴是上古圣王取法天地自然而制作的；其作用在于，通过琴音来调和、节制人的情绪、情感，最终使人的情绪、情感如同天地精神一样"中正平和"。

抚琴有许多规矩，抚琴前，要先正仪表：坐正、视端、听专、意敬、焚香、静心、洁身、净手。这些规矩，都与人的身心修养息息相关。

抚琴是弹奏者直抒胸臆，将所思、所想、所感化为动听的音符；欣赏者则是以琴音为媒介，与弹奏者达到某种思想和情感上的共鸣。

第七单元

卷八

中华十德国学经典情境体验教育系列读本

体谅父母即为

孝

包拯 [zhěng] 辞官孝亲

北宋名臣包拯，为人刚正不阿，铁面无私，民间称之为"包青天"。

宋仁宗天圣五年（1027），二十八岁的包拯中了进士，朝廷先后让他担任大理寺评事（负责审理案件）、建昌（今江西省九江市永修县）知县。包拯考虑到父母年事已高，就申请在家乡附近做官。可即便如此，父母还是觉得不方便，不愿离开故乡，跟着包拯去他的任所。于是包拯毅然辞去官职，回乡赡[shàn]养父母。当时很多长者都劝他："你刚中进士，朝廷新贵，不趁着这个时机好好把握自己的前程，恐怕将来会后悔啊！"包拯听了，摇摇头，说："父母生我养我十分不容易，我怎么能只考虑自己的前程呢？"

几年后，父母相继病逝，包拯痛不欲生，他打算终生为父母守孝。乡亲们纷纷劝说包拯："朝廷中肯为我们这些老百姓办事的人太少了啊！您要是不出去做官，我们更没好日子过了！您父母如果地下有知，恐怕也不会高兴啊！"包拯这才重新出去做官。

包拯为了照顾年老的父母主动辞官，后又因体谅百姓疾苦与父母之心而出去做官，真是值得我们学习啊！

体谅父母即为孝

【释析】"体谅父母"就是将心比心，设身处地替父母着想。孝敬的表现有许多种，但最基本的却是体谅父母。

人物链接 春秋·曾参[shēn]

人物简介

曾子，名参，字子舆[yú]，春秋时期鲁国人。孔子的著名弟子之一。他一生都在传播孔子的思想，被后世尊为"宗圣"。

中华十德

卷八

中华十德国学经典情境体验教育系列读本

曾子曰："孝有三：大孝尊亲，其次弗[fú]辱，其下能养。"

——《礼记·祭义》

啮 [niè] 指痛心

有一次，曾子进山砍柴，留母亲一人在家。

不料有客人不期而至。母亲担心待客不周，又见曾子迟迟未归，一时心急，就咬破了手指。在山中砍柴的曾子突然感到一阵心痛，马上想到了母亲，急忙背柴回家。一进家门，他马上跪问母亲发生了什么事。看着母亲手指带伤，听母亲说是盼着自己早点儿归来，曾子非常心疼。

后来，曾子随老师孔子来到楚国。有一天，他又感到心痛，便急忙辞别老师回家。母亲看到曾子，说："孩子，你远游在外，为娘实在是思念你啊！又不知道该怎么办，情急之下咬破了手指，想着你大概能感觉到会回来……"从此，曾子不再远游，终日侍奉在母亲身边。

啮指痛心的故事虽然出自民间传说，但关心父母，将心比心，设身处地替父母着想，却是我们每个人都应该做到的。

追根溯源

甲骨文

金文

小篆

隶书

老，考也。七十曰老。从人、毛、匕。言须发变白也。

——《说文解字》

【本　义】五十至七十岁的高龄。

【引申义】衰弱。老练。养老。

中华十德

卷八

中华十德国学经典情境体验教育系列读本

劳而不怨

　　子曰："事父母几[jī]谏，见志不从，又敬不违，劳而不怨。"

——《论语·里仁》

【释义】劳：劳苦，劳累。怨：抱怨。虽然很辛苦、很劳累，却没有怨言。形容孩子精心侍奉父母。也指当政者使百姓勤劳而百姓毫无怨言。

　　孔子说："服侍父母时，发现父母有什么过错，要委婉劝阻；看到自己的心意没被接受，仍要恭敬地不触犯他们，虽然忧劳但不抱怨。"

【找一找】

　　下面的成语，哪些是"劳而不怨"的近义词？哪些是"劳而不怨"的反义词？

任劳任怨	怨天尤人	聊以塞[sè]责
不辞劳苦	通情达理	避重就轻

弟 子 规

出 必 告，反 必 面。

居 有 常，业 无 变。

事 虽 小，勿 擅 为。

苟 擅 为，子 道 亏。

缓 揭 帘，勿 有 声。

宽 转 弯，勿 触 棱。

孝—体谅父母即为孝

拾葚 [shèn] 异器

汉代人蔡顺，少年丧[sàng]父，对母亲十分孝顺。当时正值王莽[mǎng]之乱，又遇饥荒，柴米昂贵，母子只得靠吃桑葚充饥。

一天，蔡顺在采拾桑葚的时候恰巧遇见反抗王莽的赤眉军。赤眉军看见蔡顺把不同颜色的桑葚分开装，就问他："为什么把红色的桑葚和黑色的桑葚分开装在两个篮子里呢？"蔡顺回答说："黑色的桑葚成熟，味道甜美，供老母食用；红色的桑葚不熟，味道酸涩，留着自己吃。"

赤眉军被蔡顺的孝心感动了，就送给他两斗白米，一只牛腿，让他带回去孝敬母亲。

至若发肤不可毁伤，曾子常以守身为大；待人须当量大，师德贵于唾[tuò]面自干。

——《幼学琼林·身体》

【译文】 至于头发和皮肤都不能毁伤，曾子常常把守护身体当作一件大事；对待别人应该宽宏大量，娄[lóu]师德唾面自干的品德极其可贵。

【典故背景】

"守身为大"句："身体发肤，受之父母，不敢毁伤，孝之始也。"这是孔子对曾子的教导，曾子对此终身奉行。临终前，他还让学生检查自己的手足是否完好，然后才安心闭眼。

"唾面自干"句：《隋唐嘉话》记载，唐代娄师德深受武则天赏识，很多人嫉妒他。他弟弟外放做官时，他告诫说一定要多忍让别人，即便是别人唾到自己脸上，也一定要让唾沫自己干掉。后形容受了侮辱，极度容忍，不加反抗。

格律赏析

铢[zhū]对两，只对双。华[huà]岳对湘江。
朝[cháo]车对禁鼓，宿火对寒缸。
青琐闼[tà]，碧纱窗。汉社对周邦。
笙[shēng]箫鸣细细，钟鼓响拢[chuāng]拢。

———《声律启蒙·三江》

【找一找】

1.上面文句中出现了几个数量词，你能找到它们吗？

2.上面文句中，"周""汉"两个朝代对仗。你还知道哪些朝代也可以构成对仗呢？

【名联赏析】

1.万井晓烟轻若练；一犁春雨润如酥。

2.花外莺声柳外蝉，惊回午梦；水中鱼队云中雁，惹起秋思。

名联逸[yì]闻

　　包世臣，字慎伯，晚号倦翁，安徽泾[jīng]县人，清代学者、书法家、书学理论家。他自幼喜爱交友读书，曾题对联自勉："喜有两眼明，多交益友；恨无十年暇，尽读奇书。"

　　包世臣既工辞章又勤于实践，毕生致力于经世之学，对漕[cáo]运、水利、盐务、农业、民俗、刑法、军事等，都能提出有价值的见解。东南一带的官员处理政务时遇到疑难问题，经常向他请教，包世臣因此名满江淮。

　　嘉庆十九年（1814），南京地区发生旱灾，百姓大饥，包世臣力劝江宁巨绅[shēn]秦承业倡举义赈[zhèn]，并上书两江总督（总管江苏、安徽和江西三省军民政务的官员）张百龄，促其设法拯救灾民，救活百姓无数。

中华十德

卷八

中华十德国学经典情境体验教育系列读本

逢人京使①

唐·岑 [cén] 参 [shēn]

故园东望路漫漫②，双袖龙钟泪不干③。

马上相逢无纸笔，凭君传语报平安。

【注释】①入京使：回京城长安（今陕西省西安市）的使者。②故园：指京城长安。③龙钟：流泪的样子。

【译文】

立在路边，向东望去，故乡长安路途遥远。忍不住思念家乡，泪湿衣衫。骑着马与你相逢，仓促间找不到纸笔，只能拜托你转告我的家人：我一切都好，平安无恙[yàng]。

【诗在说什么】

整首诗充盈着戍[shù]边在外的诗人对故乡及亲人的思念之情。

前两句抒写诗人的思乡之情：诗人带着"功名只向马上取"的雄心壮志去边塞，渴望建功立业的同时，又深深地眷[juàn]恋着家园，思念的泪水久久不能停止。

后两句则表达着诗人乐观豁[huò]达的心境：本想写一封信给家

人，但没有纸笔就带个平安的口信吧。简单利落却见深情。

【想一想】

1.你知道身边有哪些人会为你担心吗？你又会牵挂哪些人呢？

2.你知道怎样做才能不让身边的亲人为自己担心吗？

【学以致用】

根据学过的内容，把下面的空白补充完整。

"——————————，——————————。"

离开家乡的游子最惦念的就是亲人。

互 动 游 戏

爱的表达

【道具】

硬壳纸制作的爱心，音乐片段。

【玩法】

1.提前布置场地，所有学生围坐一圈。

2.播放准备好的音乐，从某一同学开始，把爱心传给下一位同学，教师控制音乐停止的时机。

3.音乐停止时，爱心传递到哪位同学，哪位同学就模拟电话场景，把想对爸爸、妈妈说的话讲出来。

【思考】

1.做事之前，我们是否设身处地考虑过父母的感受？

2.你向父母表达过感恩之情吗？你是如何表达的？

【启示】

爱要大声说出来。孝敬父母，不仅要体谅父母的不易，更要大胆地表达对父母的感恩之情。

"香火"的含义

"香火"一词来自祭祀。古代，先民认为香烟直上青云，烛火光照四方，因此以香和烛作为祭祀时沟通天地鬼神的物品。后来，"香火"又引申出了子孙后裔[yì]的意思。

华夏民族的祖先十分注重家族伦理，祭祀先祖是整个家族中最为重要的事情。在古代，如果有人因犯错而被罚"不与祭"（不得参加家族祭祀），那么他就遭受了家族中最为严重的惩[chéng]罚。

古人认为，"传递香火"是为人子女最应尽的孝道，如果没有香火，就意味着家庭中没有后代，不能举行祭祀，这是最大的不孝。

"香火"的观念深入人心，流传至今。它是我们的先辈对华夏民族生生不息、延续永远的最美好祈愿，在今天仍然具有积极意义。

洁身自好即为

廉

中华十德国学经典情境体验教育系列读本

豆腐总兵

都[dū]胜，明朝人，因守备扬州时平叛有功，被升迁为参事，协同漕运。他为官清正廉洁，深受百姓的爱戴和皇帝的器重。

执掌漕运是非常重要的职位，银钱往来不计其数，不少官员都因贪腐而获罪。都胜赴任之初，与他有过节的人都暗自窃喜，认为都胜也一定不能幸免。但都胜的表现却让他们失望了：都胜依旧为官清廉，生活俭朴，一日三餐都只有蔬菜没有肉食。

有一次，家乡亲朋到访，本以为都胜能热情款待。好不容易等到吃饭时间，却只见桌面上有两三盘蔬菜，一盘豆腐，之后很久都不再有新菜端上来。朋友很奇怪，忍不住问身边的仆人："这是小菜吗？"

仆人摇摇头，说："我们大人一日三餐，都只有一盘蔬菜，一份饭。今天您来了，所以加了两盘蔬菜和一盘豆腐，已经是平日里不曾有的奢侈[chǐ]了。"

都胜的人品操守深得人们的敬爱，大家都尊称他为"豆腐总兵"。

洁身自好即为廉

【释析】"洁身自好"就是坚守做人原则，保持纯洁，不同流合污。"洁身自好"是修身的开始。

人物链接 明·于谦

人物简介

于谦（1398—1457），字廷益，号节庵[ān]，明代名臣，民族英雄。官至太子少保，世称于少保。

清风两袖朝天去，免得闾[lú]阎[yán]话短长。

——明·于谦《入京》

两袖清风

明朝时，于谦曾先后担任监察御史、巡抚、兵部尚书等官职。他为人耿[gěng]直，清正廉洁。

明英宗时，宦官王振权倾朝野，以权谋私，大肆收受贿赂[lù]。每逢朝会，各地官僚[liáo]为了讨好他，大多会献上金银珠宝，或者当地的名贵土特产。但是于谦每次进京奏事，从来不带任何礼品。同僚劝他说："就算你不送钱财，多少也带点儿当地的土特产送送人情啊！你就不怕有人为难你吗？"

于谦笑着摆摆手，举起两只衣袖风趣地说："您看！我没有钱，也没什么特产，只有这两袖清风！"

此后，于谦"两袖清风"的美名便流传开来了。

中华十德

卷八

廉—洁身自好即为廉

三

追根溯源

卷八

中华十德国学经典情境体验教育系列读本

小篆

隶书

楷书

行书

潔（洁），瀞（净）[jìng]也。从水，絜[jié]声。

——《说文解字》

【本　义】清洁，干净。

【引申义】洁净的东西。白；明净。德行操守清白。

洁身自好

吾未闻枉[wǎng]己而正人者也，况辱己以正天下者乎？圣人之行不同也，或远，或近；或去，或不去；归洁其身而已矣。

——《孟子·万章章句上》

【释义】洁：洁白，干净。保持自己清白，不同流合污。也指顾惜尊重自己，不与他人纠缠在一起。

我没有听说过，自身屈曲却能够匡正别人的，更何况是屈辱自己来匡[kuāng]正天下呢？圣人的行为，可能各有不同，有的疏远君主，有的接近君主，有的离开朝廷，有的留恋朝廷，归根到底，洁身自好而已。

【找一找】

下面的成语，哪些是"洁身自好"的近义词？哪些是"洁身自好"的反义词？

随波逐流　　　志高清廉　　　随俗沉浮
一尘不染　　　同流合污　　　洁身自爱

弟子规
dì zǐ guī

shēn yǒu shāng　yí qīn yōu
身 有 伤，贻 亲 忧。

dé yǒu shāng　yí qīn xiū
德 有 伤，贻 亲 羞。

nián fāng shào　wù yǐn jiǔ
年 方 少，勿 饮 酒。

yǐn jiǔ zuì　zuì wéi chǒu
饮 酒 醉，最 为 丑。

kè bó yǔ　huì wū cí
刻 薄 语，秽 污 词。

shì jǐng qì　qiè jiè zhī
市 井 气，切 戒 之。

子罕 [hǎn] 不受玉

　　从前，有一个宋国人，无意中得到一块美玉，十分珍贵。他思前想后，决定把美玉献给大臣子罕，子罕却不接受。

　　宋人说："工匠们都认为这块玉是宝物，所以我才献给您。"

　　子罕笑着说："你把玉当[dàng]作宝物，我却把不贪当作宝物。如果我接受了你的美玉，我们就都失去了自己的宝物，不如我们各自保有自己的宝物吧。"

　　宋人说："我身上带着玉，回乡路途遥远，恐怕不安全啊！"

　　于是，子罕请宋人先回家乡，把玉放在自己居住的乡里，派工人将玉精心雕[diāo]琢[zhuó]后，又把加工好的美玉售卖出去，然后派人把卖玉所得的钱一文不少地带给了那个宋人。

中华十德

与善人交，如入芝兰之室，久而不闻其香；与恶人交，如入鲍[bào]鱼之肆[sì]，久而不闻其臭。

——《幼学琼林·朋友宾主》

卷八

廉—洁身自好即为廉

【译文】和品德高尚的人交往，就像进入放着香草的屋子，时间久了就闻不到它的芳香味了；和品德低劣的人交往，就像进入卖鲍鱼的店铺，时间久了也就闻不到它的腥[xīng]臭味了。

【典故背景】

这两句出自《孔子家语》，原文是："与善人居，如入芝兰之室，久而不闻其香，即与之化矣；与不善人居，如入鲍鱼之肆，久而不闻其臭，亦与之化矣。"旨在提醒人们慎重对待人与人之间的交往。芝兰，芝草和兰草，都是香草。鲍鱼，即腌[yān]渍[zì]鱼，有腥臭的味道。肆：店铺。"鲍鱼之肆"比喻小人居住的地方。

格律赏析

　　主簿[bù]栖[qī]鸾[luán]名有览，治中展骥[jì]姓惟庞。

　　苏武牧羊，雪屡餐于北海；
　　庄周活鲋[fù]，水必决于西江。

——《声律启蒙·三江》

【找一找】

　　1.你知道"鸾""骥""羊""鲋"分别是哪种动物吗？

　　2.除了"北海""西江"，你还能想到其他用来指代地方的词吗？

【名联赏析】

　　1.花阴随月转；柳色自春来。

　　2.江上青山移入画；池边春草咏成诗。

名联逸闻

包公，即北宋名臣包拯，中国老百姓最景仰的官员。他执法如山，不畏权贵，不徇私情，被百姓称为"包青天"。为了怀念这位包大人，百姓在全国各地建立了包公祠[cí]。每座包公祠都有对联，比较有名的是合肥包公祠中的一副：

理冤狱、关节不通，自是阎罗气象；

赈[zhèn]灾黎、慈悲无量，依然菩萨心肠。

这副对联精准地展现了包公为官的两大特点：一是"关节不通"（不徇私情）地治理冤狱；二是以"菩萨心肠"对待遇到天灾的百姓。

这副对联形象生动，既展现了百姓对包拯的景仰之情，也反映了百姓对海晏河清、国泰民安美好社会的向往。

卢山五咏·三泉

北宋·苏轼

皎皎岩下泉^①，无人还自洁。

不用比三星^②，清光同一月。

【注释】 ①皎皎：洁白；清白。②三星：天空中明亮而接近的三星，有参 [shēn] 宿 [xiù] 三星，心宿三星，河鼓三星。

【译文】

　　宁静的夜晚，泉水从岩石的缝隙中缓缓流出，清澈明净。即使无人观赏，也保持着自己的纯洁。它根本不需要与天上的"三星"相比，清亮的光芒如同月亮一样皎洁。

【诗在说什么】

　　这首诗创作于苏东坡（轼）三十九岁第一次外任密州（今山东诸城）知府时。诗人以清澈的泉水自比，表达着自己清正廉洁的为官态度。

　　泉水清澈纯净，比天上闪闪发光的"三星"亮得多，即使与皎洁的月光相比，也毫不逊色。然而它的光芒与外力无关，只是因为

"自洁"。写到这里，诗人的心迹表露无遗：自己也要如同这泉水一般，保持纯净无染的品格。

【想一想】

1.你见过泉水吗？说说看，它都有哪些特点？

2.你喜欢泉水吗？为什么？

【学以致用】

根据学过的内容，把下面的空白补充完整。

"＿＿＿＿＿＿＿＿＿＿＿，＿＿＿＿＿＿＿＿＿＿＿。"泉水是多么纯净清澈呀！

互动游戏

洁身自好

【玩法】

1.提前布置活动现场，搬移所有桌椅，空出中间位置。

2.教师宣布活动规则：全班同学参与，从1～99报数；当数到含有"7"的数字或"7"的倍数时，不能说出这个数字，轻拍下一个人的后背；被拍击的人继续报数。

3.报错数或拍错人的同学，要说出自身需要改变的一个不足之处以及同学值得自己学习的一个优点。

【思考】

想一想，我们应该如何面对自己的优、缺点？

【启示】

让我们准确认识自身的优、缺点，扬长避短，做一个洁身自好的人吧！

墨海端方品砚 [yàn] 台

砚台，就是文房四宝中的砚。虽然在"笔墨纸砚"四宝中位于尾席，但民间自古就有"四宝砚为首"的说法。砚台多为石制，在文房四宝中最早被发明且使用至今。

宋代的苏易简在《文房四谱》中记载："昔黄帝得玉一纽[niǔ]，治为墨海焉，其上刻文曰'帝鸿[hóng]氏之砚'。"传说这是制砚的开始。宋代人程俱在《谢人惠砚》一诗中引用了这个典故："帝鸿墨海世不见，近爱端溪青紫砚。"

一肚子墨水，端严方正——砚台确实很切合人们心中的君子形象。《红楼梦》中贾政在元宵节出谜语说："身自端方，体自坚硬。虽不能言，有言必应。"谜底就是砚台。

第九单元

卷八

中华十德国学经典情境体验教育系列读本

自私自利即为

耻

唇亡齿寒

春秋时期北方有两个小国家，一个是虞国，一个是虢[guó]国。两个国家地势险要、互为屏障，又都和十分强大的晋国接壤。

晋国君主晋献公野心勃勃，一直想要吞并虞国和虢国。他派大臣送给虞国国君虞公名马和美玉，请求向虞国借道以攻打虢国。虞国大臣宫之奇劝说虞公，认为虞国和虢国互为依靠，两者的关系就像嘴唇和牙齿一样。如果嘴唇没有了，牙齿肯定会感到寒冷。但虞公贪图名马和美玉，最终答应了晋国的请求。

宫之奇见国君不听劝阻，就带着全家逃出了虞国。不久，晋国军队灭掉虢国后，果然趁着撤军时经过虞国的机会，将虞国一起吞并了，自私自利的虞公也成了晋国的俘[fú]虏[lǔ]。

品格修养

自私自利即为耻

【释析】

"自私自利"，就是只为自己打算，不顾及他人利益。"自私自利"的行为十分可耻。

人物链接 南宋·岳飞

人物简介

岳飞（1103—1142），字鹏举，相州汤阴（今河南省安阳市汤阴县）人，南宋抗金名将，著名的军事家，位列南宋"中兴四将"之首。

冻死不拆屋，饿死不掳[lǔ]掠。

——清·毕沅[yuán]《岳飞》

莫须有

宋高宗时，金国将领兀[wù]术[zhú]带兵入侵宋朝，岳飞用少数兵力击败了金兵，并乘胜追击。

金兀术看形势不利，就贿赂宋朝宰相秦桧[huì]，要他设法陷害岳飞。秦桧劝诱宋高宗，下了十二道金牌，命令岳飞撤兵回朝。岳飞只好挥泪撤军。为彻底除掉岳飞，秦桧又诬陷岳飞阴谋造反，把岳飞和他的儿子岳云、女婿[xù]张宪一同关进了监狱。

大将韩世忠为岳飞鸣不平，愤慨地质疑秦桧的做法。秦桧拿不出任何证据，只好说："这件事莫须有（也许有）吧。"最终，岳飞死于"莫须有"的罪名，时年仅三十九岁。

后来人们用"莫须有"来形容那些无中生有、故意捏造罪名来陷害他人的行为。

中华十德

卷八

中华十德国学经典情境体验教育系列读本

小篆

隶书

楷书

行书

损（損），减也。
从手，員[yún]声。

——《说文解字》

【本　义】减少；亏损。

【引申义】丧失；损失。贬损。刻薄。

自私自利

　　墨氏见世间人自私自利，不能及人，故欲兼天下之人人而尽爱之。

——宋·黎靖德《朱子语类》

【释义】只为自身打算而不顾及他人。

　　墨家看到人们只为自己打算而不顾及他人，不能把爱人之心推及给别人，就主张不分亲疏、远近，毫无差别地去爱每一个人。兼：同时。

【找一找】

　　下面的成语，哪些是"自私自利"的近义词？哪些是"自私自利"的反义词？

假公济私　　　公而忘私　　　损人利己

大公无私　　　克己奉公　　　损公肥私

弟子规

彼说长，此说短。

不关己，莫闲管。

人不闲，勿事搅。

人不安，勿话扰。

墨磨偏，心不端。

字不敬，心先病。

情·境·剧·场

狮王与豺 [chái] 狼

从前，有只狮王在深山里捕到了一只豺狼，饥肠辘[lù]辘的狮王想要吃掉豺狼。豺狼赶忙说："大王！如果您吃掉我，也不过只能饱餐一顿。如果您能饶我一命，我愿每月为大王送上两头鹿，来赎[shú]我自己的命。"狮王想了想，就同意了。

此后，豺狼果然按照之前的约定，每个月都会给狮王送上两只鹿。为了保证能持续下去，它自己只能靠抓捕狐狸、兔子维持温饱。

一年以后，鹿被豺狼逮[dǎi]光了，豺狼没有什么可以送给狮王的了。狮王对它说："你杀死的生命已经够多的了！今天轮到你了，你还是考虑该怎么办吧！"豺狼无言以对，只得被狮王吃掉。

豺狼为了免除自己的灾祸，不顾惜其他小动物，最后自己也落得性命不保的结局，想来令人觉得十分可悲。

典故解析

　　孟尝廉洁，克俾[bǐ]合浦[pǔ]还珠；相如忠勇，能使秦廷归璧。

——《幼学琼林·珍宝》

【译文】

　　孟尝清正廉洁，最终使珍珠蚌[bàng]又返回合浦；蔺相如正直勇敢，终于使秦国归还了和氏璧。

【典故背景】

　　"孟尝"句：据《后汉书·孟尝传》记载，广西合浦盛产含有珍珠的河蚌，但太守贪得无厌，河蚌都迁走了。后来孟尝担任合浦太守，下令禁止过度捕捞，河蚌又慢慢迁了回来。后来"合浦还珠"比喻东西失而复得或人去而复返。

　　"相如"句：据《史记·廉颇蔺相如列传》记载，秦昭王得知赵惠文王得到一块和氏璧，就图谋骗取，他假意用十五座城池交换。赵王派蔺相如前去交易，秦王拿到和氏璧后却对交换城池的事避而不谈。最后，蔺相如凭借自己的智慧和勇气拿回了和氏璧，并派人连夜送回赵国。后来"完璧归赵"比喻把原物完好地归还本人。

格律赏析

茶对酒，赋对诗。燕子对莺儿。

栽花对种竹，落絮[xù]对游丝。

四目颉[jié]，一足夔[kuí]。鸲[qú]鹆[yù]对鹭[lù]鸶[sī]。

半池红菡[hàn]萏[dàn]，一架白荼蘼[mí]。

——《声律启蒙·四支》

【找一找】

1. "燕子""莺儿""栽花""种竹""落絮""游丝"分别让你想到了哪些季节？

2. 上面文句中，"茶""酒""赋""诗"都是单字对，请把它们改写成三字对。

【名联赏析】

1. 水流心不竞；云在意俱迟。

2. 雪塑观音，一片冰心无挂碍；雨淋罗汉，两行珠泪假慈悲。

名联逸闻

　　秦大士，字鲁一，号秋田老人，祖籍安徽当涂，清乾隆年间状元。秦大士于乾隆十七年（1752）考中进士。因为姓秦，又与宋代奸相秦桧同为南京秦淮人，故而殿试时乾隆皇帝问他是否为秦桧的后裔。秦大士跪地半晌也不作答，直到乾隆许诺恕其无罪，这才说道："一朝天子一朝臣。"乾隆听后龙心大悦，钦[qīn]点其为状元。

　　高中状元后，秦大士同诗友一起游览杭州岳王庙。在岳王坟前，大家看到铁铸[zhù]的秦桧夫妇跪像周身秽[huì]物，便戏谑[xuè]他是秦桧的后代，让他题对。秦大士没有推辞，挥笔题下："人从宋后羞名桧，我到坟前愧姓秦。"此联表现了他的忠奸分明，也为杭州西湖再添一段佳话。

泊秦淮

唐 · 杜牧

烟笼寒水月笼沙，夜泊秦淮近酒家。

商女不知亡国恨，隔江犹唱《后庭花》^①。

【注释】

①后庭花：南朝的最后一个皇帝陈叔宝曾作一曲《玉树后庭花》，后世常以《玉树后庭花》来代表亡国之音。

【译文】

薄薄的青烟笼罩着寒冷的江面，淡淡的月色笼罩着清冷的白沙。夜色深沉，只得将船只停泊在秦淮河上靠近岸边的酒家。卖唱的歌女不知道亡国的仇恨，还在对岸唱着《玉树后庭花》这样的亡国之音。

【诗在说什么】

诗人借景抒情，以古讽今，表达着对国家前途命运的担忧。

首句描绘出一幅宁静冷清的江边月色画面，景色虽美，却难免有些凄清。继之而起的第二句，明确了诗人停靠的地点：秦淮，酒

中华十德

卷八

中华十德国学经典情境体验教育系列读本

家。最后两句则表达着诗人的担忧与愤慨：歌女们自然不知道自己唱的曲子有什么不好，但听曲子的都是达官显贵，应该知道《后庭花》是陈后主的亡国之曲。读书人对国事的担忧，对统治阶级的不满跃然纸上。

【想一想】

1.你知道历史上有哪些贤明或昏庸的君主？说说看吧！

2.贤明君主与昏庸君主的故事能给你带来怎样的感触？

【学以致用】

根据学过的内容，把下面的空白补充完整。

"＿＿＿＿＿＿＿＿＿＿，＿＿＿＿＿＿＿＿＿＿。"

这些醉生梦死的人居然连亡国的仇恨都不记得。

【互】【动】【游】【戏】

互助解困

【玩法】

1.根据学生人数进行分组，以6组为宜。

2.组长确定组内成员参赛顺序，两两一组参加比赛。

3.参赛选手场内准备，圈着站成一个向心圈。

4.选手场内举起自己的右手，握住对面同学的手；同时举起自己的左手，握住对面同学右边同学的手。

5.在不松手的情况下，尽快想办法使自己从圈子里出来。

【思考】

1.想要顺利从"圈套"中解脱出来，你要怎样做？

2.游戏过程中，你遇到了困难吗？你是怎样解决的？

【启示】

游戏中，我们想要自己从"圈套"中解脱出来，首先需要帮助别人从"圈套"中解脱出来。生活中，人与人之间，也像游戏中的"圈套"一样，彼此相连，不可分割；我们要使自己能够站得住，同时就要使别人也能够站得住。

烽 [fēng] 燧 [suì] 传警

烽燧传警，是古代通过放火或放烟来传递军情的手段。白天放的烟叫"烽"，夜晚点的火叫"燧"。

早在西周时，烽燧传警这种传递消息的方式就已存在了。秦朝统一六国后，将原来北方各诸侯国修建的城墙连接起来，用以防范外敌入侵。从此烽燧便与长城联系在一起，作为重要的军事防御组织，被称为烽火台。

一般情况下，每十里设一个烽燧（烽火台），每个烽燧上都设有五至十个兵丁。每当遇到敌人进犯时，就点火放烟，把消息传递给附近的烽燧，这样依次传递，军情便能很快被朝廷知晓。

关于烽燧传警有一个著名的故事：西周时的周幽王，十分昏庸，他为博宠姬褒[bāo]姒[sì]一笑，点燃了烽火信号。诸侯们以为敌人来犯，纷纷赶来勤王，结果弄得人仰马翻，一片混乱。褒姒看了后，果然哈哈大笑。此后，幽王又多次烽火戏诸侯，诸侯们渐渐都不再相信他了。后来，当犬戎攻破镐[hào]京（位于今陕西西安），幽王再次举起烽火信号时，诸侯们又以为幽王在戏弄自己，都不来勤王，结果幽王就在这场战乱中被杀了。

中华十德

卷八

中华十德国学经典情境体验教育系列读本

知错能改即为

勇

中华十德

卷八

勇——知错能改即为勇

苏轼 [shì] 认错

北宋大文豪苏轼，知识渊博，见多识广。

一天，他到当时的宰相王安石府上拜访，被安排在书房等候接见。闲坐中，苏轼见书案上有一首《咏菊》诗，诗只写了两句："西风昨夜过园林，吹落黄花满地金。"

苏轼想："西风应该就是秋风了，黄花想必是菊花。菊花最耐霜寒，花瓣并不会随风掉落，相国怎么说'吹落黄花满地金'呢？"想到这里，他提笔续道："秋花不比春花落，说与诗人仔细吟。"写完之后，也不等王安石接见就径自回家了。

王安石回到书房后，看到苏轼题写的这两句，笑而不言。只是不久后，他将苏轼贬到了黄州。

这一年的重阳节，苏轼在园中赏菊，一阵秋风吹过，花瓣纷纷落地。苏东坡这才知道黄州菊花是一种独特品种，是会被风吹落瓣儿的。想起之前乱改《菊花》诗的事，感到十分惭愧。不久后，他专程回京，去王安石府上"负荆请罪"。

品格修养

知错能改即为勇

【释析】"知错能改"指一个人犯了错误以后，能够认识并改正错误。"知错"需要有自我反思能力，"能改"需要有胸怀和勇气。

人物链接 春秋·孔子

人物简介

孔子（前551—前479），名丘[qiū]，字仲尼，春秋时期鲁国人。中国古代最伟大的思想家、教育家，开创了私人讲学的先河，被誉为"万世师表"。

子曰："过而不改，是谓过矣。"

——《论语·卫灵公》

孔子认错

　　孔子到齐国后，拜见了齐景公而没有去拜见国相晏婴。子贡感到很奇怪，就问老师："谒见君主而不去见他的执政的人，可以吗？"孔子解释说："我听说晏子侍奉三位君主而且能顺从他们，我怀疑他的为人。"

　　晏婴得知后十分生气。他说："我家世代平民，如果我不能保守自己的品行，不能认识自己的过错，就不能自立于齐国。我听说过，评价一个人，应该看清他的行为如何，再决定去责备或赞誉。我听说过用一个心眼去侍奉三位君主的，因而能顺从君主；用三个心眼去侍奉一位君主的，不能顺从君主。现在孔子还没看到我的行为如何，就责备我随便顺从君主，这就好比对自己认识不到的事物进行责难一样，很容易使得自己陷入窘[jiǒng]境。以前我很尊重儒者，现在我开始怀疑儒者了。"

　　晏子的话传到了孔子耳中，孔子马上意识到自己先前的话有失偏颇。他自我检讨道："我失言于晏婴，他讥讽我是对的。"于是马上安排弟子宰予前往晏婴府上，代自己谢罪。然后孔子去会见了晏子。

　　圣贤之人也会犯错，但贵在知错能改。孔子就是这样的圣贤之人！

中华十德

卷八

中华十德国学经典情境体验教育系列读本

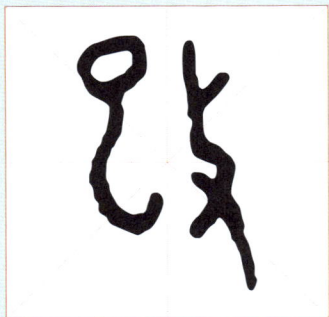

甲骨文

金文

小篆

隶书

改，更也。

从攴[pū]、己。

——《说文解字》

【本　义】变更。

【引申义】改正。修改。

成语导读

知过必改

　　子曰："君子不重则不威，学则不固。主忠信，无友不如己者，过则勿惮[dàn]改。"

——《论语·学而》

【释义】知道了过错，一定改正。

　　孔子说："君子言行不庄重就没有威严，多方学习就不会流于固陋。为人处世以忠信为原则，不与志趣不相似的人交往。有了过错，不怕去改正。"

【找一找】

　　下面的成语，哪些是"知过必改"的近义词？哪些是"知过必改"的反义词？

　　　将错就错　　　过而不改　　　知错即改
　　　亡羊补牢　　　痛改前非　　　刚愎[bì]自用

dì zǐ guī
弟 子 规

wén guò nù　　wén yù lè
闻 过 怒， 闻 誉 乐。

sǔn yǒu lái　　yì yǒu què
损 友 来， 益 友 却。

wú xīn fēi　　míng wéi cuò
无 心 非， 名 为 错。

yǒu xīn fēi　　míng wéi è
有 心 非， 名 为 恶。

guò néng gǎi　　guī yú wú
过 能 改， 归 于 无。

tǎng yǎn shì　　zēng yì gū
倘 掩 饰， 增 一 辜。

薛谭 [tán] 学唱

战国时期，有位叫薛谭的人，向当时著名的歌唱家秦青学习唱歌。一段时间后，薛谭认为自己已经学尽了秦青的技艺，就告辞回家。秦青没有阻拦，欣然在城外大道旁给他送行。

秦青打着节拍，高唱悲歌。美妙的歌声振动了林木，高昂的音响止住了流动的白云。薛谭越听越惭愧，他恍然大悟：自己的技艺跟秦青相比，还差得很远。于是他连忙向秦青道歉，恳求继续留下来学习唱歌，再也不敢说回家的事了。

在秦青的指导下，薛谭的技艺有了很大的提高，终于成了一位著名的歌唱家。

薛谭这种知错能改的品格得到了人们的赞扬。

姜后脱簪[zān]而待罪，世称哲后；马后练服以鸣俭，共仰贤妃。

——《幼学琼林·朝廷》

【译文】 姜后摘下头簪（表明自己有错，其实是）承担君王失德的罪过，人人都称赞她为明哲的皇后；马皇后穿着粗布衣服来教化民风，百姓都仰慕这位贤明的后妃。

【典故背景】

"姜后脱簪"句：《列女传》记载，姜后是周宣王的正妻。有一次周宣王因好色晚起，她便摘下头上的簪子，披散头发，穿上素衣，表示有罪听候处置。周宣王因此醒悟，从此勤于政事。

"马后练服"句：《后汉书·皇后纪·明德马皇后》记载，汉明帝的马皇后是东汉名将马援的女儿，十分贤德。她曾说："我身穿粗布做的衣服，不吃甜的食物，就是想要以自身的节俭做天下的表率。"鸣俭：节俭显露在外。

格律赏析

几阵秋风能应[yìng]候，一犁[lí]春雨甚知时。

智伯恩深，国士吞变形之炭；

羊公德大，邑[yì]人竖堕[duò]泪之碑。

——《声律启蒙·四支》

【找一找】

1．"一犁春雨"能让你想到什么画面？试着说说你的理解。

2．"恩深"的"深"和"德大"的"大"，还可以用哪两个字来替换？

【名联赏析】

1．闲乘苍鹿游玄甫；倦卧白云歌紫芝。

2．笛韵悠扬，仙驭[yù]忽从云里降；橹[lǔ]声咿[yī]哑[yā]，渔舟轻向月中移。

名联逸闻

苏东坡少时才智过人，且颇为自负。他曾经撰[zhuàn]联："识遍天下字；读尽人间书。"某日，一老者携书来访，苏东坡发现书上很多字自己不认识，非常惭愧。于是他将对联改为："发愤识遍天下字；立志读尽人间书。"从此，苏轼孜[zī]孜不倦地读书学习，终于成为了一代文豪。

嫦娥^①

唐·李商隐

云母屏风烛影深^②，长河渐落晓星沉^③。

嫦娥应悔偷灵药，碧海青天夜夜心。

【注释】 ①嫦娥：传说为后羿 [yì] 的妻子。后羿从西王母处得到了不死灵药，一人吃可以成仙，两人分吃可以长生不死。嫦娥为成仙，吃掉了全部灵药，飞升成仙。从此一个人孤零零地住在月宫里。②深：暗。③晓星：破晓时的晨星。

【译文】

云母屏风上映着幽暗的烛影，银河渐渐疏落，破晓的晨星也要消失（只有月亮还孤零零地挂在天边）。嫦娥应该后悔偷吃了成仙灵药，眼望着碧海青天，夜夜心情孤寂。

【诗在说什么】

这首诗借嫦娥飞月的故事抒写了身处孤寂中的感受。在黑暗污浊的现实包围中，诗人精神上力图摆脱尘俗，追求高洁的境界，而追求的结果往往使自己陷于更孤独的境地。清高与孤独的李 [luán]

生，以及由此引起的既自赏又自伤，被诗人用精微而富于含蕴的语言成功地表现出来了，这正是本诗的特色。整首诗精致伤感，蕴意深厚。

【想一想】

　　1.关于后羿的神话，你还知道哪些？试着分享给你的同学吧！

　　2.你是怎么看待嫦娥选择"偷药成仙"这件事的？

【学以致用】

　　根据学过的内容，把下面的空白补充完整。

　　"＿＿＿＿＿＿＿＿＿＿＿，＿＿＿＿＿＿＿＿＿＿＿。"

不知道月亮会不会觉得寂寞啊！

互 动 游 戏

勇者风度

【玩法】

1.根据学生人数进行分组，以4组为宜。

2.每组每次选派一人参加游戏，组长确定先后顺序。

3.参赛选手相隔一臂站成一排，按照老师口令做出相应动作。

4.口令分别是："1"右转，"2"左转，"3"后转，"4"向前跨一步，"5"原地不动。

5.有人做错时，走出队列，在大家面前鞠躬并道歉说："我做错了。"

6.做错的同学归队，小组再选派一人参加游戏。

7.最后未上场人数最多小组获胜。

【思考】

1.游戏中，你做错过吗？认错道歉时你的感受是什么？

2.请参与游戏时间最长的同学分享一下胜利的经验吧！

【启示】

能够承认并且改正错误是一种勇敢的表现。

角抵 [dǐ]

角抵的起源可以追溯[sù]到上古时代。《述异记》中记载了上古蚩[chī]尤民族："耳鬓[bìn]如剑戟[jǐ]，头有角，与轩[xuān]辕[yuán]斗，以角抵人，人不能向。"他们在与黄帝打仗时，头上装备着刀剑一样的尖状物，好像有角的公牛一样，打仗时手脚并用，还可用头上的角抵人。敌方对此很难防御，因此打过很多胜仗。这种"以角抵人"的方式，后来演变为人们"两两相抵"的摔跤活动。

秦汉时期，角抵活动非常盛行。但这时的角抵已不再是争斗相搏的手段，而是一种带有表演性质的游戏活动。晋代时，角抵出现了另一名称——相扑。发展到唐代，相扑、角抵两名并行，其特点还是赛力性的竞技。

相扑在民间盛行则是到宋代以后。北宋首都汴[biàn]京每年都要举行一两次相扑比赛，并且成为一种流行的娱乐表演节目。

显然，角抵是一种勇敢者的游戏，同时也充满着智慧。游戏过程中，游戏者要勇于进取，坚持不懈，才能取得最后的胜利。

第一单元
dì yī dān yuán

弟子规
dì zǐ guī

冬则温，夏则清。晨则省，昏则定。
兄道友，弟道恭。兄弟睦，孝在中。
长呼人，即代叫。人不在，己即到。

幼学琼林·祖孙父子
yòu xué qióng lín　zǔ sūn fù zǐ

毛义捧檄，为亲之存；伯俞泣杖，因母之老。

声律启蒙·二冬
shēng lù qǐ méng　èr dōng

仁对义，让对恭。禹舜对羲农。雪花对云叶，芍药对芙蓉。陈后主，汉中宗。绣虎对雕龙。柳塘风淡淡，花圃月浓浓。

山 中
唐 · 王勃

长江悲已滞，万里念将归。

况属高风晚，山山黄叶飞。

第二单元

弟子规

弟子规，圣人训。首孝悌，次谨信。

泛爱众，而亲仁。有余力，则学文。

非圣书，屏勿视。蔽聪明，坏心志。

幼学琼林 · 岁时

春祈秋报，农夫之常规；夜寐夙兴，吾人之勤事。

声律启蒙 · 二冬

春日正宜朝看蝶，秋风那更夜闻

qióng
蛮。战士邀功，必借干戈成勇武；逸民适
zhì   xū píng shī jiǔ yǎng shū yōng
志，须凭诗酒养疏慵。

观书有感（其一）

北宋·朱熹

半亩方塘一鉴开，天光云影共徘徊。
问渠那得清如许，为有源头活水来。

第三单元

弟子规

骑下马，乘下车。过犹待，百步余。
进必趋，退必迟。问起对，视勿移。
将入门，问孰存。将上堂，声必扬。

幼学琼林·地舆

击壤而歌，尧帝黎民之自得；让畔而
耕，文王百姓之相推。

声律启蒙·三江

楼对阁，户对窗。巨海对长江。蓉裳对蕙帐，玉斝对银钉。青布幔，碧油幢。宝剑对金缸。忠心安社稷，利口覆家邦。

萍池

唐·王维

春池深且广，会待轻舟回。
靡靡绿萍合，垂杨扫复开。

第四单元

弟子规

才大者，望自大。人所服，非言大。
己有能，勿自私。人所能，勿轻訾。
勿谄富，勿骄贫。勿厌故，勿喜新。

幼学琼林·器用

以铜为鉴，可整衣冠；以古为鉴，可知兴替。

声律启蒙·三江

世祖中兴延马武，桀王失道杀龙逢。秋雨潇潇，熳烂黄花都满径；春风袅袅，扶疏绿竹正盈窗。

雪 梅

南宋·卢梅坡

梅雪争春未肯降，骚人阁笔费评章。
梅须逊雪三分白，雪却输梅一段香。

第五单元

弟子规

借人物，及时还。人借物，有勿悭。

事非宜，勿轻诺。苟轻诺，进退错。
凡道字，重且舒。勿急疾，勿模糊。

幼学琼林·人事

毛遂片言九鼎，人重其言；季布一诺千金，人服其信。

声律启蒙·三江

旌对旆，盖对幢。故国对他邦。千山对万水，九泽对三江。山岌岌，水淙淙。鼓振对钟撞。清风生酒舍，皓月照书窗。

寒食

唐·韩翃

春城无处不飞花，寒食东风御柳斜。
日暮汉宫传蜡烛，轻烟散入五侯家。

弘扬中华文化　传承民族美德

dì liù dān yuán
第 六 单 元

dì zǐ guī
弟 子 规

shàn xiāng quàn　dé jiē jiàn　guò bù guī　dào liǎng kuī
善相劝，德皆建。过不规，道两亏。
shì fú rén　xīn bù rán　lǐ fú rén　fāng wú yán
势服人，心不然。理服人，方无言。
guǒ rén zhě　rén duō wèi　yán bú huì　sè bú mèi
果仁者，人多畏。言不讳，色不媚。

yòu xué qióng lín · péng yǒu bīn zhǔ
幼学琼林·朋友宾主

wáng yáng zài wèi　gòng yǔ tán guān yǐ dài jiàn　dù bó fēi
王阳在位，贡禹弹冠以待荐；杜伯非
zuì　zuǒ rú nìng sǐ bú xùn jūn
罪，左儒宁死不徇君。

shēng lǜ qǐ méng · sān jiāng
声律启蒙·三江

zhèn shàng dǎo gē xīn zhòu zhàn　dào páng xì jiàn zǐ yīng
阵上倒戈辛纣战，道旁系剑子婴
xiáng　xià rì chí táng　chū mò yù bō ōu duì duì　chūn fēng lián
降。夏日池塘，出没浴波鸥对对；春风帘
mù　wǎng lái yíng lěi yàn shuāngshuāng
幕，往来营垒燕双双。

xuě
雪

táng · luó yǐn
唐·罗隐
jìn dào fēng nián ruì　fēng nián shì ruò hé
尽道丰年瑞，丰年事若何？

cháng ān yǒu pín zhě　　wéi ruì bù yí duō
长 安 有 贫 者 ， 为 瑞 不 宜 多 。

dì qī dān yuán
第 七 单 元

dì zǐ guī
弟 子 规

chū bì gào　　fǎn bì miàn　　jū yǒu cháng　　yè wú biàn
出 必 告 ， 反 必 面 。 居 有 常 ， 业 无 变 。
shì suī xiǎo　　wù shàn wéi　　gǒu shàn wéi　　zǐ dào kuī
事 虽 小 ， 勿 擅 为 。 苟 擅 为 ， 子 道 亏 。
huǎn jiē lián　　wù yǒu shēng　　kuān zhuǎn wān　　wù chù léng
缓 揭 帘 ， 勿 有 声 。 宽 转 弯 ， 勿 触 棱 。

yòu xué qióng lín · shēn tǐ
幼 学 琼 林 · 身 体

zhì ruò fà fū bù kě huǐ shāng　　zēng zǐ cháng yǐ shǒu shēn wéi
至 若 发 肤 不 可 毁 伤 ， 曾 子 常 以 守 身 为
dà　　dài rén xū dāng liàng dà　　shī dé guì yú tuò miàn zì gàn
大 ； 待 人 须 当 量 大 ， 师 德 贵 于 唾 面 自 干 。

shēng lǜ qǐ méng · sān jiāng
声 律 启 蒙 · 三 江

zhū duì liǎng　　zhī duì shuāng　　huà yuè duì xiāng jiāng　　cháo chē
铢 对 两 ， 只 对 双 。 华 岳 对 湘 江 。 朝 车
duì jìn gǔ　　sù huǒ duì hán gāng　　qīng suǒ tà　　bì shā chuāng
对 禁 鼓 ， 宿 火 对 寒 缸 。 青 琐 闼 ， 碧 纱 窗 。
hàn shè duì zhōu bāng　　shēng xiāo míng xì xì　　zhōng gǔ xiǎng chuāng
汉 社 对 周 邦 。 笙 箫 鸣 细 细 ， 钟 鼓 响 摐
chuāng
摐 。

逢入京使

唐·岑参

故园东望路漫漫，双袖龙钟泪不干。
马上相逢无纸笔，凭君传语报平安。

第八单元

弟子规

身有伤，贻亲忧。德有伤，贻亲羞。
年方少，勿饮酒。饮酒醉，最为丑。
刻薄语，秽污词。市井气，切戒之。

幼学琼林·朋友宾主

与善人交，如入芝兰之室，久而不闻
其香；与恶人交，如入鲍鱼之肆，久而不
闻其臭。

声律启蒙·三江
shēng lù qǐ méng sān jiāng

主簿栖鸾名有览，治中展骥姓惟
zhǔ bù qī luán míng yǒu lǎn zhì zhōng zhǎn jì xìng wéi

庞。苏武牧羊，雪屡餐于北海；庄周活
páng sū wǔ mù yáng xuě lǚ cān yú běi hǎi zhuāng zhōu huó

鲋，水必决于西江。
fù shuǐ bì jué yú xī jiāng

卢山五咏·三泉
lú shān wǔ yǒng sān quán

北宋·苏轼
běi sòng sū shì

皎皎岩下泉，无人还自洁。
jiǎo jiǎo yán xià quán wú rén hái zì jié

不用比三星，清光同一月。
bú yòng bǐ sān xīng qīng guāng tóng yí yuè

第九单元
dì jiǔ dān yuán

弟子规
dì zǐ guī

彼说长，此说短。不关己，莫闲管。
bǐ shuō cháng cǐ shuō duǎn bù guān jǐ mò xián guǎn

人不闲，勿事搅。人不安，勿话扰。
rén bù xián wù shì jiǎo rén bù ān wù huà rǎo

墨磨偏，心不端。字不敬，心先病。
mò mó piān xīn bù duān zì bú jìng xīn xiān bìng

幼学琼林·珍宝

孟尝廉洁，克俾合浦还珠；相如忠勇，能使秦廷归璧。

声律启蒙·四支

茶对酒，赋对诗。燕子对莺儿。栽花对种竹，落絮对游丝。四目颉，一足夔。鸲鹆对鹭鸶。半池红菡萏，一架白荼蘼。

泊秦淮

唐·杜牧

烟笼寒水月笼沙，夜泊秦淮近酒家。商女不知亡国恨，隔江犹唱《后庭花》。

第十单元

弟子规

闻过怒，闻誉乐。损友来，益友却。

无心非，名为错。有心非，名为恶。
过能改，归于无。倘掩饰，增一辜。

幼学琼林·朝廷

姜后脱簪而待罪，世称哲后；马后练服以鸣俭，共仰贤妃。

声律启蒙·四支

几阵秋风能应候，一犁春雨甚知时。智伯恩深，国士吞变形之炭；羊公德大，邑人竖堕泪之碑。

嫦娥

唐·李商隐

云母屏风烛影深，长河渐落晓星沉。嫦娥应悔偷灵药，碧海青天夜夜心。

弘扬中华文化　传承民族美德